동화 로 배우는 Level up! 스페인어

Isabel · 시원스쿨스페인어연구소 지음

S 시원스쿨닷컴

동화로 배우는
Level up! 스페인어

초판 7쇄 발행 2023년 1월 31일

지은이 Isabel(신예슬)·시원스쿨스페인어연구소
펴낸곳 (주)에스제이더블유인터내셔널
펴낸이 양홍걸 이시원

홈페이지 www.siwonschool.com
주소 서울시 영등포구 국회대로74길 12 시원스쿨
교재 구입 문의 02)2014-8151
고객센터 02)6409-0878

ISBN 979-11-6150-429-2
Number 1-510404-17171707-02

여러분 안녕하세요!

동화로 배우는 Level Up! 스페인어 강의와 교재로 만나 뵙게 되어 반갑습니다.

스페인어에 입문하여 호기심과 설렘으로 가득했던 시절이 떠오릅니다. 즐거운 마음으로 기초를 떼고 중고급으로 올라가니 어느새 스페인어는 '재밌는 것'보다는 '잘해야 하는 것'으로 초점이 맞춰졌고, 언제 DELE에 합격할 수 있을까 초조해한 적도 있었습니다. 여러분 또한 비슷한 과정을 거쳤거나 지나고 계시리라 생각합니다.

'어제 잠들어 버렸어.', '그때 마침 나가려던 참이었어.', '케이크를 한입에 먹어 버렸어.' 하고 스페인어가 바로 떠오르시나요?

아무리 많은 어휘와 표현을 암기하고 심지어 DELE를 취득했는데도 스페인어가 편하지 않다면, 내가 '알고 있다고 생각'하는 어휘가 아직 내 몸에 '체득된 표현'으로 도달하지 못한 건 아닐까요? 저 역시도 고민하며 해결했던 모든 노하우를 집약하여 직접 강의와 교재까지 자신있게 선보여 드립니다.

동화로 배우는 Level Up! 스페인어는 스페인어 - 한국어의 대응을 단조롭게 암기하는 방식에서 벗어나, 누구나 어렸을 때 한번쯤은 접해 본 동화 이야기를 통해 스페인어 문장을 즐겨 보셨으면 하는 마음에서 기획되었습니다. 제가 직접 엄선, 각색, 집필한 스페인어 버전의 명작동화 11편을 읽고, 듣고, 따라하며 자연스럽고 즐겁게 스페인어를 내 것으로 만들 수 있을 것입니다.

이미 익숙한 줄거리의 동화를 스페인어로 읽고 원어민의 발음을 듣고 따라하며 생동감 넘치는 스페인어를 배울 수 있을 뿐만 아니라, 매 챕터마다 포함된 5~6개의 LEVEL-UP 표현을 직접 활용해보며 작문 및 회화 실력까지 높일 수 있을 것입니다.

제가 시행착오를 겪으며 어렵게 돌아온 길을 여러분들께서는 조금이라도 더 친숙하고 쉽게, 빠르게 패스하실 수 있도록 도와드리겠습니다.

언제 어디서나
여러분들의 즐겁고, 설렘 가득한
스페인어 공부를 응원합니다!

저자
Profa. Isabel

목차

목차   4

이 책의 구성&활용법   6

¡En sus marcas! 파닉스&강세   8

¡Listos! 기초 문법   12

¡Ya! 핵심 문법   15

아기 돼지 삼형제

1강   Los Tres Cerditos (1)   20

2강   Los Tres Cerditos (2)   26

백설 공주

3강   Blancanieves (1)   34

4강   Blancanieves (2)   40

5강   Blancanieves (3)   46

미운 오리 새끼

6강   El Patito Feo (1)   54

7강   El Patito Feo (2)   60

토끼와 거북이

8강   La liebre y La tortuga   68

미녀와 야수

9강   La bella y La bestia (1)   76

10강   La bella y La bestia (2)   82

11강   La bella y La bestia (3)   88

빨간 망토

12강   Caperucita Roja (1)   96
13강   Caperucita Roja (2)   102

헨젤과 그레텔

14강   Hansel y Gretel (1)   110
15강   Hansel y Gretel (2)   116

인어공주

16강   Sirenita (1)   124
17강   Sirenita (2)   130
18강   Sirenita (3)   136

성냥팔이 소녀

19강   La Pequeña Cerillera (1)   144
20강   La Pequeña Cerillera (2)   150

라푼젤

21강   Rapunzel (1)   158
22강   Rapunzel (2)   164

신데렐라

23강   Cenicienta (1)   172
24강   Cenicienta (2)   178

오늘의 줄거리를 상상해볼까요?

오늘의 주요 문장과 삽화를 통해 줄거리를 생각해보고, 오늘의 동화 내용을 미리 보는 단계입니다. 해당 문장을 잘 기억해 두었다가 동화 본문 속에서 찾아보세요.

오늘은 무엇을 배울까요?

동화 속 등장하는 오늘의 주요 어휘들을 보고 본 학습을 준비하는 단계입니다. 추후 Quiz에 등장하는 어휘들이니 잘 챙겨 두세요.

동화 속으로!

오늘의 동화를 원어민의 음성파일로 들어보고, 직접 한 문장씩 읽어보는 단계입니다. 포인트 컬러로 강조된 문법과 표현에 집중해보세요.

문법 꿀팁으로 접속법도 쉽고 깔끔하게!

동화 속 숨어있는 접속법과 헷갈릴 수 있는 문법들을 쉽고 간단하게 풀이해 두었습니다. 다양한 예시문과 문형 파악을 통해 스페인어 문법 실력을 업그레이드해보세요.

특별 부록!

스페인어 명작 동화 미니북으로 언제 어디서나 해석 없이도 스페인어 동화를 완벽하게 읽어보아요!

배운 내용을 완전히 내 것으로 만들어 봐요!

다양한 유형의 문제를 풀어 보면서 배운 내용을 점검할 수 있습니다. 틀린 문제를 중심으로 보완해야 할 점을 파악하여 완벽하게 스페인어를 마스터해 보세요.

오늘 꼭 기억해 두어야 할 문법!

오늘의 동화 속 등장한 문장 중, 반드시 기억해야 할 문법들만 선별하였습니다. 포인트 정리를 보면서 그날 배운 내용을 상기하고, 핵심 내용을 머릿속으로 정리해 보세요.

[동화로 배우는 레벨업 스페인어]는 시원스쿨 저자 직강과 함께!

시원스쿨 스페인어 홈페이지에서 저자 Isabel선생님의 친절하고 자세한 [동화로 배우는 레벨업 스페인어]강좌를 만나보세요!

모두 제자리에! 본격적인 동화 학습 전에, 몸풀기로 스페인어의 알파벳, 발음 그리고 강세를 학습해 봅시다.

PASO 1 알파벳 alfabeto

1. 스페인어의 모음

알파벳	A(a) 아	E(e) 에	I(i) 이	O(o) 오	U(u) 우
발음 예시	**garganta** [가르간따] 목구멍	**reina** [ㄹ레이나] 왕비	**invierno** [인비에르노] 겨울	**feo** [(f)페오] 못생긴	**pluma** [쁠루마] 깃털, 깃

2. 스페인어의 자음

알파벳	발음(a,e,i,o,u)	발음 예시
B, b	바, 베, 비, 보, 부	**barco** [바르꼬] 배, 선박 **bestia** [베스띠아] 야수
C, c	까, 쎄, 씨, 꼬, 꾸	**casa** [까싸] 집 **Cenicienta** [쎄니씨엔따] 신데렐라 **palacio** [빨라씨오] 궁, 궁전
Ch, ch	차, 체, 치, 초, 추	**muchacha** [무차차] 여자, 소녀 **chimenea** [치메네아] 굴뚝
D, d	다, 데, 디, 도, 두	**dedo** [데도] 손가락 **dulce** [둘쎄] 단, 다정한
F, f	(f) 파, 페, 피, 포, 푸	**familia** [파밀리아] 가족 **feroz** [페로쓰] 사나운, 흉폭한
G, g	가, 헤, 히, 고, 구, 게(ue), 기(ui)	**gallina** [가이나] 암탉 **mágico** [마히꼬] 마법의, 마술의 **hoguera** [오게라] 모닥불
H, h	아, 에, 이, 오, 우	**hechizo** [에치쏘] 주문, 주술 **hueso** [우에쏘] 뼈

J, j	하, 헤, 히, 호, 후	**paja** [빠하] 짚, 지푸라기 **espejo** [에스뻬호] 거울
K, k	까, 께, 끼, 꼬, 꾸 *보통 외래어 단어에 사용됩니다.	**kiwi** [끼위] 키위 **kilo** [낄로] 킬로그램
L, l	라, 레, 리, 로, 루	**lobo** [로보] 늑대 **luz** [루쓰] 빛
Ll, ll	야, 예, 이, 요, 유	**llama** [야마] 불꽃 **gallina** [가이나] 암탉
M, m	마, 메, 미, 모, 무	**momento** [모멘또] 순간 **mundo** [문도] 세계, 세상
N, n	나, 네, 니, 노, 누	**navidad** [나비닫] 크리스마스 **nieve** [니에베] 눈
Ñ, ñ	냐, 녜, 니, 뇨, 뉴	**niña** [니냐] 여자 아이 **año** [아뇨] 해, 년
P, p	빠, 뻬, 삐, 뽀, 뿌	**príncipe** [쁘린씨뻬] 왕자 **pobre** [뽀브레] 가난한
Q, q	께(ue), 끼(ui)	**quejarse** [께하르쎄] 불평하다 **quince** [낀쎄] 15의, 열다섯의
R, r	라, 레, 리, 로, 루	**romper** [ㄹ롬뻬르] 쪼개다, 깨다 **bruja** [브루하] 마녀
S, s	싸, 쎄, 씨, 쏘, 쑤	**desastre** [데싸쓰뜨레] 재해, 재난 **sorpresa** [쏘르쁘레싸] 놀람
T, t	따, 떼, 띠, 또, 뚜	**tonto** [똔또] 바보 같은 **tortuga** [또르뚜가] 거북이
V, v	바, 베, 비, 보, 부	**salvar** [쌀바르] 구하다, 돕다 **envidia** [엔비디아] 질투심
W, w	*w는 외래어 단어에만 사용되는 알파벳으로, 외래어 자체 발음을 그대로 유지합니다.	**wisky** [위스끼] 위스키 **sándwich** [싼드위치] 샌드위치

X, x	싸, 쎄, 씨, 쏘, 쑤 *X는 보통 [ks]로 발음하며, 특수한 경우에 'ㅎ' 소리와 유사하게 발음되기도 합니다.	**xilófono** [씰로(f)포노] 실로폰 **México** [메히꼬] 멕시코 **éxito** [엑씨또] 성공
Y, y	야, 예, 이, 요, 유	**reina** [ㄹ레이나] 여왕 **mayor** [마요르] 연상의, 주요한
Z, z	싸, 쎄, 씨, 쏘, 쑤	**manzana** [만싸나] 사과 **azul** [아쑬] 푸른, 청색

3. 스페인어의 특수 발음

agua [아구아] 물 **antiguo** [안띠구오] 오랜, 낡은	**hoguera** [오게라] 모닥불 **guitarra** [기따ㄹ라] 기타	**vergüenza** [베르구엔싸] 수치, 부끄러움 **lingüista** [링구이스따] 언어학자 *'gue, gui'에서 'u' 위에 ¨'이 붙을 경우 '우' 발음이 살아납니다.

PASO 2 강세 acento

강세란, 특정 음절에 힘을 주어 말하는 것으로, 모음 위에 강세 부호(´)가 찍혀 있는 경우에는 그 모음이 강세를 가지게 됩니다. 강세 부호가 없는 단어의 경우에는 일반적으로 아래의 세 가지 규칙을 따릅니다.

1. 모음 혹은 자음 'n, s'로 끝나면 → 끝에서 두 번째 음절에 강세를 준다.

España	coche	orden	lunes
[에스빠냐]	[꼬체]	[오르덴]	[루네스]
스페인	자동차	순서, 질서	월요일

2. 'n, s'를 제외한 자음으로 끝나면 → 맨 마지막 음절에 강세를 준다.

reloj	hotel	amor
[ㄹ렐로흐]	[오뗄]	[아모르]
시계	호텔	사랑

3. 이중모음의 강세

모음 두 개가 연달아 있는 경우를 '이중모음'이라고 합니다.

기본적으로 이중모음은 하나의 모음으로 간주되지만, 강모음끼리 만났을 경우에는 서로 분리되어 단독의 음절을 구성합니다.

강모음: a / e / o	약모음: i / u

[약모음 + 강모음] / [강모음 + 약모음]

→ 하나의 모음으로 간주하며, 강한 모음에 강세를 줍니다.

baile 춤, 무도회	→ baile [바일레]
deuda 빚	→ deuda [데우다]
cielo 하늘	→ cielo [씨엘로]

[약모음 + 약모음]

→ 하나의 모음으로 간주하며, 두번째 약모음에 강세가 옵니다.

huir 도망가다	→ huir [우이르]

[강모음 + 강모음]

→ 각각 독립된 음절로 간주하며, 1, 2번 규칙을 따릅니다.

caer 떨어지다, 넘어지다	→ caer [까에르]
feo 못생긴	→ feo [(f)페오]

준비! 이번에는 한 단계 레벨업! 하여, 스페인어의 기본이자 가장 중요한 관사, 성수일치, 직접·간접 목적어 등 기초 문법을 배워봅시다.

PASO 1 관사 artículo

관사는 명사의 앞에 위치하여 명사를 수식하며 정관사 (artículo definido) 와 부정관사 (artículo indefinido) 로 구분됩니다.

1. 정관사

	남성	여성
단수	el	la
복수	los	las

- 스페인어의 정관사는 항상 명사의 성·수에 일치시켜 사용합니다.
- 정관사는 정해진 것(이미 앞서 언급한 것, 특정한 것, 구체적인 것)을 나타낼 때 사용합니다. 이 외에도 시간 및 최상급 표현 역시 정관사와 함께 사용됩니다.

> **El hechizo se romperá a las doce de la noche.**
> (그) 주문은 밤 12시에 풀리게 될거야. *24강 신데렐라 中*

- a나 ha로 시작되는 명사의 경우는 여성 명사일지라도 단수에 한해서만 여성관사 la 대신 el을 씁니다. 발음상의 혼돈을 피하기 위함입니다.

> **Cuando el lobo cayó por la chimenea el agua estaba hirviendo.**
> 늑대가 굴뚝으로 떨어졌을 때 물은 끓고 있었어요. *2강 아기 돼지 삼형제 中*

2. 부정관사

	남성	여성
단수	un	una
복수	unos	unas

- 부정관사 역시 명사의 성·수에 일치시켜 사용합니다.
- 주로 '~어느' '~한', '~하나의' 처럼 불특정한 대상을 가리킬 때 사용합니다.

- 복수(unos, unas) 로 쓰일 때는 '몇몇의~' 라는 대략적인 숫자도 나타낼 수 있습니다.

> Vio que la tortuga se encontraba a **unos** pocos pasos de la línea de inicio.
> 거북이가 출발선에서 **몇** 발자국 떨어진 곳에 위치하는 것을 보았어요.
>
> *8강 토끼와 거북이 中

PASO 2 성수일치

스페인어의 명사와 형용사는 '성(남·여성)' 과 '수(단·복수)'에 따라 4가지의 형태로 바뀝니다. 스페인어의 핵심은 명사! 늘 명사를 중심으로 앞·뒤에 나오는 모든 일반 형용사/ 소유 형용사/ 지시 형용사/ (부)정관사의 성과 수를 일치 시켜주세요.

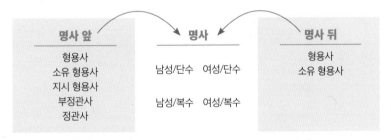

명사 앞	명사	명사 뒤
형용사 소유 형용사 지시 형용사 부정관사 정관사	남성/단수 여성/단수 남성/복수 여성/복수	형용사 소유 형용사

성수에 맞는 소유 형용사와 지시 형용사의 변화형도 함께 알아두세요.

지시형용사

	남성 단수	남성 복수	여성 단수	여성 복수
이	este	estos	esta	estas
그	ese	esos	esa	esas
저	aquel	aquellos	aquella	aquellas

- aquel/aquella/aquellos/aquellas의 경우 맥락에 따라 '그'로도 해석 될 수 있습니다.

명사 앞에 위치하는 소유 형용사

	단수		복수
mi	나의	mis	나의
tu	너의	tus	너의
su	그의, 그녀의, 당신의	sus	그의, 그녀의, 당신의
nuestro/a	우리들의	nuestros/as	우리들의
vuestro/a	너희들의	vuestros/as	너희들의
su	그들의, 그녀들의, 당신들의	sus	그들의, 그녀들의, 당신들의

명사 뒤에 위치하는 소유 형용사

	단수		복수
mío/a	나의	míos/as	나의
tuyo/a	너의	tuyos/as	너의
suyo/a	그의, 그녀의, 당신의	suyos/as	그의, 그녀의, 당신의
nuestro/a	우리들의	nuestros/as	우리들의
vuestro/a	너희들의	vuestros/as	너희들의
suyo/a	그들의, 그녀들의, 당신들의	suyos/as	그들의, 그녀들의, 당신들의

Allí vio en el estanque dos de aquellos pájaros grandes y blancos.

(pájaros: 남성 복수명사/ aquellos: 지시 형용사)

그 연못에서 그 크고 흰 새들 중 두 마리를 보았어요.

A casa de mi abuelita a llevarle esta cesta.

(cesta: 여성 단수명사/ esta: 지시 형용사)

할머니 댁에 이 바구니를 가져다 드리려고요.

El pobre patito se sintió muy triste al oír esas palabras.

(palabras: 여성 복수명사/ esas: 지시 형용사)

가엾은 새끼 오리는 그 말을 듣고 매우 슬펐어요.

Sus plumas parecen nieve.

(plumas: 여성 복수명사/ sus: 소유 형용사)

그들의 깃털은 눈 같아 보였어요.

PASO 3 직접·간접 목적격 대명사

목적격 대명사에는 우리말의 '~을/를' 에 해당하는 직접목적격과 '~에게'에 해당하는 간접목적격이 있습니다.

1. 직접 목적격

인칭	목적격 대명사			
Yo	me	나를		
Tú	te	너를		
Él, Ella, Usted	lo(le)(남성) la(여성)	그를, 당신을 그녀를, 당신을	(사물) lo	그 것을 그 사실을
Nosotros/as	nos	우리들을		
Vosotros/as	os	너희들을		
Ellos, Ellas, Ustedes	los(les)(남성) las(여성)	그들을, 당신들을 그녀들을, 당신들을	(사물) los	그 것들을 그 사실들을

2. 간접 목적격

인칭	목적격 대명사	
Yo	me	나에게
Tú	te	너에게
Él, Ella, Usted	le(se)	그에게, 그녀에게, 당신에게
Nosotros/as	nos	우리에게
Vosotros/as	os	너희들에게
Ellos, Ellas, Ustedes	les (se)	그들에게, 그녀들에게, 당신들에게

*직접·간접 목적격이 함께 나올 때는 간접 목적격 → 직접 목적격의 순으로 쓰입니다.

*간접 목적격 대명사 le/les는 뒤에 직접 목적격 대명사 (lo/la/los/las)가 올 경우 형태가 se로 바뀝니다.

자, 그럼 마지막으로 한 단계만 더 업그레이드 해서! 동화에서 자주 다뤄지는 핵심 문법을 정리해 볼까요?

PASO 1 접속법 맛보기

지금까지 배워온 현재, 단순과거, 불완료, 미래 등의 '시제' 들은 실제적이고 객관적인 현실이나 상황을 표현하는 '직설법' 에 해당합니다. '직설법'과 대비되는 개념으로의 '접속법'은 희망, 요구, 기원, 금지, 충고, 회의, 불확실 등과 같은 화자의 주관적인 감정을 표현할 때 사용합니다. 주로 종속절(que절 이하)에 사용하며 시제의 개념이 아닙니다. 동화 곳곳에 숨어있는 접속법 문장을 통해 자연스럽게 익혀보세요.

1. 접속법 현재 (규칙)

estudiar	comer	vivir
estudie	coma	viva
estudies	comas	vivas
estudie	coma	viva
estudiemos	comamos	vivamos
estudiéis	comáis	viváis
estudien	coman	vivan

2. 접속법 현재 (불규칙)

직설법 현재형에서 불규칙인 동사들은 접속법 현재형에서도 불규칙이 됩니다. 아래의 불규칙 동사를 눈여겨보면 동화 읽기에 많은 도움이 될 거예요.

동사원형	접속법 현재 변형
poner	ponga, pongas, ponga, pongamos, pongáis, pongan
venir	venga, vengas, venga, vengamos, vengáis, vengan
nacer	nazca, nazcas, nazca, nazcamos, nazcáis, nazcan
hacer	haga, hagas, haga, hagamos, hagáis, hagan

3. 접속법 과거

접속법 과거형에는 '-ra' / '-se' 두 가지 형태가 있습니다. 두 형태의 의미는 완전히 동일하지만,
'-ra'형이 좀 더 많이 사용됩니다.

estudiar	comer	vivir
estudiara (se)	comiera	viviera
estudiaras (ses)	comieras	vivieras
estudiara (se)	comiera	viviera
estudiáramos (semos)	comiéramos	viviéramos
estudiarais (seis)	comierais	vivierais
estudiaran (sen)	comieran	vivieran

접속법 과거 형태 변화 TIP

- 동사의 단순과거 3인칭 복수 형태를 떠올리신 후 'ron' 부분을 떼어내고 인칭에 맞게 **ra, ras,
  ra, ramos, rais, ran** 또는 **se, ses, se, semos, seis, sen** 을 붙여 주시면 됩니다. -ar, -er,
  -ir 동사 모두에 적용됩니다.

comer ▶ comie**ron** (단순과거/ 3인칭 복수)
        comie**ra/ras/ra/ramos**…
        comie**se/ses/se/semos**…

*다만, nosotros/as 형태에는 'tilde(악센트)' 를 꼭 붙여주세요.

Los tres cerditos

아기 돼지 삼형제

1강
아기 돼지 삼형제 ❶

오늘의 줄거리

주요 문장 "¡Pues soplaré y soplaré y la casita derribaré!"

준비 하기

오늘의 어휘

음성파일 청취 전, 오늘의 동화에 등장할 주요 어휘를 살펴보아요.

어휘	뜻	어휘	뜻
tres hermanos cerditos	아기 돼지 삼형제	el malvado lobo	사악한 늑대
la paja	볏, 짚	el ladrillo	벽돌
la madera	목재	construir	짓다, 건설하다
soplar	불다		

오늘의 동화

원어민 음성파일로 오늘의 동화를 들어보고 난 후 한 문장씩 읽어 보아요.

Había una vez tres hermanos cerditos que vivían en el bosque.

옛날 옛적에 숲에 살던 아기돼지 삼형제가 있었어요.

Como el malvado lobo siempre los perseguía para comérselos,

사악한 늑대가 항상 그들을 잡아먹으려 쫓아다녔기 때문에,

un día dijo el mayor:

어느 날 첫째돼지가 말했어요.

—Tenemos que hacer una casa para protegernos del lobo.

"우리 집을 만들어야 해. 늑대로부터 우리를 보호하기 위해 말야."

Así podremos escondernos cada vez que el lobo aparezca.

"그러면 늑대가 나타날 때마다 우리가 숨을 수 있을 거야."

A los otros dos les pareció muy buena idea,

나머지 둘은 매우 좋은 의견이라 생각했어요.

pero no se ponían de acuerdo sobre qué material utilizar.

하지만 어떤 자재를 사용할지에 대해서는 합의하지 못했죠.

표현 check!

Había una vez... 옛날 옛적에 | el bosque 숲 | Como ~이기 때문에 | siempre 항상, 늘 | perseguir 쫓다, 추구하다 | mayor 연상의 | tener que +동사원형 ~해야 한다 | proteger 보호하다, 지키다 | así 그렇게 (하면) | esconderse 몸을 숨기다, 숨다 | cada vez que ~할 때마다 | aparecer 나타나다 | parecer + a + 사람 (누가)생각하다 | la idea 생각, 의견 | ponerse de acuerdo 합의하다 | el material 자재, 재료 | utilizar 사용하다

> **aparezca**: aparecer (나타나다) 동사의 접속법 현재 3인칭 단수
>
> ---
>
> 'cada vez que(~할 때 마다)' 문장 내의 동사는 접속법·직설법 형태 모두 사용 가능하지만, 현재 동화 문장의 내용처럼 동사가 '미래·미경험(가정)'의 동작을 나타낼 때는 접속법을 사용합니다.
> ('늑대가 나타날 때마다...' = 아직 나타나지 않음)

Al final, y para no discutir,

결국, 더 이상 논쟁하지 않기 위해,

cada uno de ellos decidió utilizar el material que más le gustaba.

그들은 각자 가장 좋아하는 재료를 사용하기로 결정했어요.

El más pequeño optó por utilizar paja,

막내 돼지는 짚을 사용하기로 했어요.

para no tardar mucho y poder irse a jugar después.

시간을 오래 끌지 않고, 빨리 놀러 나가기 위해서였죠.

El mediano prefirió construirla de madera,

둘째 돼지는 목재로 집을 만드는 쪽을 택했어요.

que era más resistente que la paja y tampoco le llevaría mucho tiempo hacerla.

나무는 짚보다 더 견고하고, 역시나 집을 만드는 데에 오랜 시간이 걸리지 않을테니까요.

Pero el mayor pensó que lo mejor era hacer una casa resistente y fuerte de ladrillo.

하지만 첫째 돼지는 견고하고 튼튼한 벽돌집을 만드는 것이 제일이라 생각했죠.

— Además así podré hacer una chimenea para calentarme en invierno — dijo.

"그러면 굴뚝까지 만들 수 있어서 겨울에 몸을 따뜻하게 할 수 있을 거야" 라고 말했어요.

표현 check!

al final 끝내, 결국 | discutir 논쟁하다 | cada uno 각자 | decidir 결정하다 | optar por ~하기로 하다 | tardar 지체하다, 늦어지다 | jugar 놀다 | mediano/a 중간의 | preferir ~쪽을 택하다 | resistente 단단한, 견고한 | tampoco ~도 (아니다) | llevar (tiempo) 시간이 걸리다 | mejor 더 좋은 | fuerte 강한 | además 게다가 | la chimenea 굴뚝 | calentar 따뜻하게 하다 | el invierno 겨울

Cuando los tres acabaron sus casas se metieron cada uno en la suya

세 형제가 집을 완성했을 때, 그들은 각자의 집에 들어갔어요.

y entonces apareció por ahí el malvado lobo.

그리고 그때 사악한 늑대가 그곳에 나타났어요.

Primero se dirigió a la de paja y llamó a la puerta:

우선 늑대는 짚으로 만든 집으로 향했고, 문을 두들겼어요.

— Anda cerdito, sé bueno y déjame entrar...

아기 돼지야, 착하지. 들어가게 해주렴...

— ¡No! ¡Eso ni pensarlo!

안돼요! 그럴 생각조차 마세요!

— ¡Pues soplaré y soplaré y la casita derribaré!

흠, 너의 집을 불어 날려버릴 테다!

Y el lobo empezó a soplar fuerte hasta que la débil casa acabó viniéndose abajo.

늑대는 세게 불기 시작했고, 약하디 약한 집은 결국 무너져버렸어요.

Pero el cerdito echó a correr y se refugió en la casa de su hermano mediano,

하지만 아기 돼지는 뛰기 시작했고 둘째 형의 집으로 대피했어요.

que estaba hecha de madera.

나무로 만들어진 집이었죠.

 표현 check!

acabar 끝내다, 완성하다 | meterse en ~에 들어가다 | aparecer 나타나다 | por ahí 그곳으로, 거기에 | dirigirse a ~로 향하다 | llamar a la puerta 문을 두들기다 | déjame + 동사원형 나를 ~하게 해줘 | entrar 들어가다 | derribar 무너뜨리다 | empezar a + 동사원형 ~하기 시작하다 | débil 약한 | acabar +현재분사 (결국)~하게 되다 | venirse abajo 무너지다, 붕괴되다 | echar a + 동사원형 ~하기 시작하다 | correr 달리다 | refugiarse 피신하다 | estar hecho/a de ~로 만들어지다

마무리 학습
오늘 배운 내용을 완전히 내 것으로 만들어 봐요!

1 오늘의 동화 어휘 복습

각 단어의 알맞은 뜻을 찾아 이어주세요.

1. la madera   •   • a. 힘

2. la fuerza   •   • b. 굴뚝

3. soplar   •   • c. 나무

4. la chimenea   •   • d. 짓다, 건설하다

5. construir   •   • e. 불다

2 표현 LEVEL UP!

동화 속 등장한 레벨업 표현들을 다시 한번 정리해 봅시다.

ponerse de acuerdo	합의하다
cada vez que...	~할 때 마다
dirigirse a...	~로 향하다
acabar + 현재분사	(결국) ~하게 되다
venirse abajo	무너지다, 붕괴하다
echar a + 동사원형	~하기 시작하다

'~하기 시작하다' 의 뜻을 가진 대표적 표현으로는 'empezar a + 동사원형' 과 'comenzar a + 동사원형'이 있습니다. 이번 기회에 'echar a + 동사원형' 도 잘 알아 두어 작문과 회화에 활용해보세요.

Ej echar a correr 달리기 시작하다
echar a llorar 울기 시작하다
echar a reír 웃기 시작하다

3 빈칸 QUIZ!

한국어 해설을 보고 빈칸에 알맞은 어휘를 넣어주세요.

1 나머지 둘은 매우 좋은 의견이라 생각했어요.

    _____ los otros dos _____ _____ muy buena idea.

2 그들은 각자 가장 좋아하는 재료를 사용하기로 결정했어요.

    Cada uno de ellos decidió utilizar el material que _____ _____ _____.

3 둘째는 짚보다 더 단단한 나무로 집을 짓길 원했어요.

    El mediano prefirió construirla de madera, que era _____ resistente

    _____ la paja.

 QUIZ로 보는 오늘의 주요 문법 포인트

1 parecer 동사가 gustar 와 같이 역구조 동사로 사용될 때는 '~에게 ~인 것 같다' 의 뜻을 가집니다. 이 때 '~에게' 에 해당하는 간접 목적어 (me/te/le/nos/os/les) 를 꼭 기억해주세요.

2 '~가 가장 좋아하는 무엇' 이라는 표현을 작문할 때는 más가 que 바로 뒤에 위치합니다. 오늘의 동화 속 'el material que más le gustaba'를 참고해주세요!

3 스페인어 비교급의 기본 형태인 'más + 형용사/부사 + que'를 확인해주세요.

정답 확인

1 1. c   2. a   3. e   4. b   5. d

3 1. A / les pareció   2. más le gustaba   3. más / que

2강
아기 돼지 삼형제 ❷

오늘의 줄거리

주요 문장 "¿Quién teme al lobo feroz? ¡No, no, no!"

준비 하기

오늘의 어휘

음성파일 청취 전, 오늘의 동화에 등장할 주요 어휘를 살펴보아요.

어휘	뜻	어휘	뜻
derribar	무너뜨리다	hervir	(펄펄) 끓다
subir	오르다	quemarse	타다, 데다
la leña	땔감, 장작	gritar	소리치다, 외치다
librarse de	벗어나다, 살아나다		

오늘의 동화

원어민 음성파일로 오늘의 동화를 들어보고 난 후 한 문장씩 읽어 보아요.

— Anda cerditos, sed buenos y dejadme entrar...

아기 돼지들아, 착하지. 들어가게 해주렴...

— ¡No! ¡Eso ni pensarlo! — dijeron los dos.

안돼요! 그럴 생각조차 마세요! 두 형제가 말했어요.

— ¡Pues soplaré y soplaré y la casita derribaré!

흠, 그럼 너의 집을 불어 날려버릴 테다!

El lobo empezó a soplar muy fuerte.

늑대는 아주 세게 불기 시작했어요.

Aunque esta vez tuvo que esforzarse más,

비록 이번에는 더 힘써야 했지만,

al final consiguió derribar la casa de madera.

결국 나무 집을 무너뜨릴 수 있었죠.

Por eso, los cerditos salieron corriendo hacia la casa de su hermano mayor.

그래서, 두 형제는 큰 형의 집을 향해 뛰어나갔어요.

표현 check!

anda 자, 어서! | pensar 생각하다 | empezar a + 동사원형 ~하기 시작하다 | aunque (양보) 비록 ~
이지만 | esta vez 이번(에는) | esforzarse 노력하다, 힘쓰다 | conseguir +동사원형 (노력 끝에) ~할
수 있다 | salir 나가다, 떠나다 | correr 달리다, 뛰다 | hacia ~쪽으로

El lobo cada vez tenía más hambre así que sopló y sopló con todas sus fuerzas,

늑대는 갈수록 배가 고파져 온 힘을 다해 불고 불었어요.

pero la casa no se movía ni siquiera un poco.

하지만 벽돌집은 조금도 움직이지 않았죠.

Dentro, los cerditos celebraban y cantaban alegres por haberse librado del lobo:

집 안 에서는, 삼형제가 늑대로부터 벗어난 것을 축하하며 기쁘게 노래했어요.

— ¿Quién teme al lobo feroz? ¡No, no, no!

누가 사나운 늑대를 무서워 하죠? 아무도, 아무도, 아무도 없죠!

Fuera, el lobo continuaba soplando en vano,

집 밖에서는, 늑대가 부질없이 바람을 계속 불었고

cada vez más enfadado,

갈수록 화가 났어요.

hasta que decidió parar para descansar

마침내 늑대는 잠시 멈춰 쉬기로 했고,

y entonces se dio cuenta de que la casa tenía una chimenea.

그 순간, 늑대는 벽돌집에 굴뚝이 있다는 것을 깨달았어요.

표현 check!

cada vez más 갈수록 | así que 그래서 | la fuerza 힘, 체력 | moverse 움직이다 | ni siquiera un poco 조금(조차)도 | dentro 안에, 안으로 | celebrar 축하하다, 기뻐하다 | cantar 노래하다 | temer 겁내다, 무서워하다 | feroz 사나운, 흉폭한 | fuera (~의) 밖에 | continuar 계속하다, 계속되다 | en vano 헛된, 쓸모 없는 | enfadado/a 화난, 노한 | hasta que ~까지 | descansar 쉬다, 휴식을 취하다 | darse cuenta de que ~에 대해 깨닫다

— ¡Ja! ¡Pensaban que iban a librarse de mí!

하! 나로부터 벗어날 것이라고 생각했겠지!

¡Subiré por la chimenea y me los comeré a los tres!

굴뚝으로 올라가 너희 셋을 잡아먹어버릴 테다!

Pero los cerditos lo oyeron, y para darle una lección,

하지만 늑대의 말을 들은 돼지 삼형제는, 늑대에게 교훈을 주기 위해

llenaron la chimenea de leña y pusieron al fuego un gran caldero con agua.

굴뚝을 땔감으로 가득 채우고 물이 든 큰 솥을 불에 넣어뒀어요.

Así cuando el lobo cayó por la chimenea el agua estaba hirviendo

그렇게 늑대가 굴뚝으로 떨어졌을 때, 물은 끓고 있었고

y se quemó tanto que salió gritando de la casa y

늑대는 크게 데어 소리 지르며 집을 떠났고,

no volvió a comer cerditos en mucho tiempo.

오래도록 돼지 삼형제를 다시 잡아먹으려 하지 않았답니다.

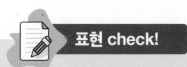

표현 check!

ir a + 동사원형 ~할 것이다 | librarse de ~로부터 벗어나다, 살아나다 | oír 듣다, 들리다 | dar una lección 교훈을 주다 | llenar ... de ... ~를 ~로 채우다 | poner 놓다, 두다 | el caldero 솥 | caer 떨어지다 | volver a + 동사원형 다시 ~하다

마무리 학습

오늘 배운 내용을 완전히 내 것으로 만들어 봐요!

---

1 오늘의 동화 어휘 복습

각 단어의 알맞은 뜻을 찾아 이어주세요.

1. la leña   •   •   a. 타다, 데다

2. gritar   •   •   b. 땔감, 장작

3. subir   •   •   c. 소리치다, 외치다

4. hervir   •   •   d. (펄펄) 끓다

5. quemarse   •   •   e. 오르다

2 표현 LEVEL UP!

동화 속 등장한 레벨업 표현들을 다시 한번 정리해 봅시다.

cada vez más	갈수록, 점점 더
ni siquiera un poco	조금(조차)도
en vano	헛된, 쓸모 없는
darse cuenta de	~에 대해 깨닫다
dar una lección	교훈을 주다
volver a + 동사원형	다시 ~하다

> 스페인어로 '~에 대해 깨닫다' 는 darse cuenta de (que) 로 꼭 기억해주세요!
> 아래의 예문처럼 하나의 표현 자체로 입에 붙여 두면 유용하게 활용가능 합니다!
>
> ───────────────────────────────
>
> **Ej** 나는 ~라는 것을 깨달았다: Me di cuenta de que... (단순과거)
> 그/그녀는 ~라는 것을 깨달았다: Se dio cuenta de que... (단순과거)

3 빈칸 QUIZ!

한국어 해설을 보고 빈칸에 알맞은 어휘를 넣어주세요.

¡OJO! 주어의 인칭 및 시제에 따른 동사변형 잊지 마세요.

1 두 형제는 큰 형의 집을 향해 뛰어 나갔어요.

Los cerditos ＿＿＿＿＿ ＿＿＿＿＿ hacia la casa de su hermano mayor.

2 굴뚝으로 올라가 너희 셋을 잡아먹어버릴 테야!

¡Subiré por la chimenea y ＿＿＿＿ los ＿＿＿＿ a los tres!

3 그렇게 늑대가 굴뚝으로 떨어졌을 때, 물은 끓고 있었어요.

Así cuando el lobo cayó por la chimenea el agua ＿＿＿＿ ＿＿＿＿ .

 QUIZ로 보는 오늘의 주요 문법 포인트

1 '뛰어나가다' 는 salir corriendo 라고 표현 할 수 있는데, 이 때 salir 동사 자리에 ir(se)또는
marchar(se) 동사를 넣어 비슷한 표현으로 활용 할 수 있습니다!

2 Se los comeré a los tres 문장의 'se'는 강조의 se 입니다.

Ej comerse = 먹어 버리다, 먹어 치우다

irse= 가버리다

3 estar 동사의 불완료과거형 + 현재분사 = 과거 진행형

Ej Cuando llegó él, estaba hablando por teléfono.

그가 도착 했을 때, 나는 전화를 하고 있었다.

정답 확인

1 1. b 2. c 3. e 4. d 5. a

3 1. salieron corriendo   2. me, comeré   3. estaba hirviendo

Blancanieves

3강
백설 공주 ❶

오늘의 줄거리

주요 문장 "Mi Reina. Ahora la más hermosa es Blancanieves."

준비 하기

오늘의 어휘

음성파일 청취 전, 오늘의 동화에 등장할 주요 어휘를 살펴보아요.

어휘	뜻	어휘	뜻
la nieve	눈	el espejo	거울
la reina	왕비	mágico/a	마법의
la princesa	공주	contestar	대답하다
envidioso/a	질투하는, 부러워하는		

동화 속으로!

오늘의 동화

원어민 음성파일로 오늘의 동화를 들어보고 난 후 한 문장씩 읽어 보아요.

Un día de invierno, nació una hermosa princesa.

어느 겨울 날, 아름다운 공주가 태어났어요.

Le pusieron Blancanieves, porque era tan blanca y bella como la nieve.

공주는 '백설'이라는 이름이 붙여졌어요. 눈처럼 하얗고 아름다웠기 때문이죠.

Desgraciadamente, su madre falleció al dar a luz.

불행히도, 왕비는 공주를 낳다 죽게 되었어요.

Pasados los años el rey viudo se casó con otra mujer que era tan bella como envidiosa.

시간이 흘러, 왕비를 잃은 왕은 재혼을 하였는데요, 예쁜 만큼 질투심도 많은 여자였답니다.

Ella tenía un espejo mágico al que cada día preguntaba:

새 왕비는 자신의 마법 거울에게 날마다 이렇게 물었답니다.

— Espejito espejito, ¿Quién es la más hermosa del mundo?

거울아 거울아, 세상에서 누가 제일 예쁘니?

Y el espejo siempre contestaba:

거울은 늘 이렇게 답했어요.

— Usted es la más hermosa.

왕비님께서 제일 아름다우십니다.

표현 check!

el invierno 겨울 | nacer 태어나다 | poner (이름 등을) 붙이다 | tan ... como ... (~만큼) 그러하다 | blanco/a 흰, 하얀 | bello/a 아름다운 | desgraciadamente 불행히도, 슬프게도 | fallecer 사망하다, 죽다 | al + 동사원형 ~할 때, ~해서 | dar a luz 출산하다 | casarse (con) ~와 결혼하다 | viudo/a 과부의, 배우자를 잃은 | cada día 매일, 날마다 | preguntar 질문하다 | hermoso/a 아름다운, 예쁜 | el mundo 세계, 세상 | contestar 대답하다

Pero el día en que Blancanieves cumplió siete años

하지만 백설공주가 만 7살이 되던 날

el espejo cambió su respuesta:

마법거울이 대답을 바꾸었어요.

— Mi Reina. Ahora la más hermosa es Blancanieves.

왕비님, 이제 세상에서 제일 아름다운 건 백설 공주입니다.

Al oír esto la Reina se enfadó.

이것을 들은 왕비는 화가 났어요.

Tenía tanta envidia y odio que ordenó a un cazador

엄청난 질투심과 증오를 가진 왕비는 사냥꾼에게 명령했지요.

que se la llevara al bosque, la matara y volviese con su corazón.

백설공주를 숲으로 데려가 죽인 뒤 심장을 가지고 오라고 말이예요.

 표현 check!

cumplir ... años 만 ~살이 되다 | cambiar 바꾸다 | la respuesta 대답 | al + 동사원형 ~할 때, ~해
서 | enfadarse 화나다 | la envidia 질투심 | el odio 미워함, 증오 | ordenar + 접속법 ~하라고 명령
하다 | el cazador 사냥꾼 | matar 죽이다 | el corazón 심장

(se) llevara: llevar(se) (데리고 가다) 동사의 접속법 과거 3인칭 단수
matara: matar (죽이다) 동사의 접속법 과거 3인칭 단수
volviese: volver (돌아가다) 동사의 접속법 과거 3인칭 단수

ordenar (명령하다), decir(~하라고 말하다), pedir (요청하다) 등 상대의 행동 변화를 요구하는 '명령·요청' 동사
들은 que 이하 절에 '접속법'을 사용해줍니다. 기본형태는 [A가 B에게 ~하라고 말하다/시키다/요청하다]가 되
겠죠.

Ej Mi jefe me dice que **llegue*** temprano   *llegar(도착하다) 동사의 접속법 현재 1인칭 단수
내 상사는 나에게 일찍 도착하라고 말한다 (나의 행동변화를 요구)
Te pido que no **tomes*** café.   *tomar(마시다) 동사의 접속법 현재 1인칭 단수
나는 너에게 커피를 마시지 말라고 부탁한다.

Pero una vez en el bosque el cazador miró a la joven Blancanieves y no pudo matarla.

하지만 숲에 도착한 사냥꾼은 백설공주를 보곤 차마 죽이지 못하였어요.

En su lugar, mató a un pequeño jabalí para poder entregar su corazón a la Reina.

그 대신, 왕비에게 심장을 가져다 줄 수 있도록 작은 멧돼지를 죽였어요.

Blancanieves se quedó sola en el bosque, asustada y sin saber a dónde ir.

백설공주는 놀라고 어디로 가야할 지도 모른 채로, 숲 속에 혼자 남게 되었어요.

Comenzó a correr hasta que llegó la noche.

밤이 깊어질 때까지 뛰기 시작했어요.

Entonces vio luz en una casita y entró en ella.

그 때 작은 집에서 흘러나오는 빛을 본 백설공주는 그 집으로 들어갔어요.

Era una casita especial. Todo era muy pequeño.

작고 특별한 집이었어요. 모든 게 매우 작았죠.

En la mesa había siete platitos, y siete cubiertos.

테이블에는 7개의 접시와 수저, 포크 나이프가 놓여 있었어요.

Blancanieves tenía tanta hambre que probó un bocado de cada plato

백설공주는 너무 배가 고파서 요리를 조금씩 맛보았어요.

y se sentó como pudo en una de las sillitas.

그리고는 되는 대로 작은 의자들 중 하나에 앉아보았어요.

표현 check!

una vez 한 번, 일단 ~하다 | el bosque 숲 | mirar 보다 | joven 젊은 | el jabalí 멧돼지 | entregar 건네다, 건네 주다 | quedarse 남다, 머물다 | asustado/a 놀란 | sin + 동사원형 ~하지 않고 | comenzar a + 동사원형 ~하기 시작하다 | correr 달리다 | hasta que 마침내, ~할 때까지 | entonces 그 때, 그 다음에 | la luz 빛 | entrar en ~에 들어가다 | especial 특별한 | todo 모든 것 (일) | pequeño/a 작은 | la mesa 테이블, 탁자 | hay ~이(가) 있다 | el plato 접시, 요리 | el cubierto 수저, 포크, 나이프의 한 벌 | tener hambre 배고프다 | probar un bocado 한 입 맛 보다 | sentarse 앉다 | la silla 의자

마무리 학습

오늘 배운 내용을 완전히 내 것으로 만들어 봐요!

1 오늘의 동화 어휘 복습

각 단어의 알맞은 뜻을 찾아 이어주세요.

1. la nieve •   • a. 대답하다

2. la reina •   • b. 왕비

3. envidioso/a •   • c. 눈

4. el espejo •   • d. 질투하는

5. contestar •   • e. 거울

2 표현 LEVEL UP!

동화 속 등장한 레벨업 표현들을 다시 한번 정리해 봅시다.

dar a luz	출산하다
cumplir ... años	만 ~살이 되다
una vez	한 번, 일단 ~ 하다
sin saber a dónde ir	어디로 갈 지 모른 채
probar un bocado	한 입 맛 보다

- cumplir 동사는 '완수하다·이행하다'의 뜻으로도 쓰이지만 나이와 사용되면 '만...살이다' 라는 뜻을 가지게 되는데요, 이 때는 전치사없이 cumplir + ... años 라고 써 주시면 됩니다.

- sin + 동사원형 형태를 통해 '~하지 않고, ~하지 않은 채로' 의 표현이 가능합니다.

  Ej Se fue sin comer. 그는 식사를 하지 않고 가 버렸다.
  sin querer 무심코, 아무 생각 없이

3 빈칸 QUIZ!

한국어 해설을 보고 빈칸에 알맞은 어휘를 넣어주세요.

¡OJO! 주어의 인칭 및 시제에 따른 동사변형 잊지 마세요.

1 왕비를 잃은 왕은 다른 여자와 결혼을 했어요. 예쁜 만큼 질투심도 많았답니다.

El rey viudo ⬜ ⬜ ⬜ otra mujer que era tan bella como

envidiosa.

2 백설공주는 숲에 혼자 남게 되었어요.

Blancanieves ⬜ ⬜ ⬜ en el bosque.

3 백설공주는 너무 배가 고파서 요리를 하나씩 맛 보았어요.

Blancanieves tenía ⬜ hambre ⬜ probó un bocado de cada

plato.

QUIZ로 보는 오늘의 주요 문법 포인트

1 재귀동사 casarse 의 동사 변형에 유의해주세요. 각 주어의 인칭에 맞게 재귀대명사 (me/
te/se/nos/os/se)도 함께 변형시켜 주셔야 합니다.

2 quedarse 동사는 재귀동사로 쓰여 '~에 남다/ 머물다' 라는 뜻으로 사용 가능합니다.
각각의 인칭주어에 맞게 재귀대명사를 알맞게 바꿔주는 것 잊지 마세요!

Ej Se quedaron en casa. 그들은 집에 머물렀다.

3 tanto(a)···que 자리의 tanto는 뒤에 나오는 명사의 성·수에 따라 tanto/tanta/tantos/
tantas 로 변형 됩니다.

정답 확인

1 1. c 2. b 3. d 4. e 5. a

3 1. se casó con   2. se quedó sola   3. tanta, que

4강
백설 공주 ❷

오늘의 줄거리

주요
문장 **"Mi Reina, siento decirle que Blancanieves sigue siendo la más bella."**

준비 하기

오늘의 어휘

음성파일 청취 전, 오늘의 동화에 등장할 주요 어휘를 살펴보아요.

어휘	뜻	어휘	뜻
la madrastra	계모	advertir	충고하다, 경고하다
los enanitos	난쟁이들	disfrazarse	변장하다
el misterio	신비, 수수께끼	envenenado/a	독을 탄
tener cuidado	조심하다, 주의하다		

오늘의 동화

원어민 음성파일로 오늘의 동화를 들어보고 난 후 한 문장씩 읽어 보아요.

Estaba tan agotada que le entró sueño,

백설공주는 너무 지친 나머지 졸음이 몰려왔어요.

entonces encontró una habitación con siete camitas y se acurrucó en una de ellas.

그 때 일곱개의 작은 침대들이 놓여 있는 방 하나를 발견하고, 한 침대에 웅크려 누웠어요.

Por la noche, regresaron los enanitos de la mina.

저녁이 되자, 난쟁이들이 광산에서 돌아왔어요.

Rápidamente, se dieron cuenta de que alguien había estado allí.

난쟁이들은 즉시, 누군가 그 곳에 있었다는 것을 알아차렸어요.

— ¡Alguien ha comido de nuestros platitos!

누군가 우리 음식을 먹었어!

— ¡Alguien ha estado aquí! — dijeron ellos.

누군가 여기 있었어! 그들이 말했어요.

Cuando entraron en la habitación descubrieron el misterio,

그들이 방에 들어갔을 때, 수수께끼를 밝혀냈어요.

y se quedaron con la boca abierta al ver a una muchacha tan bella.

그리고는 너무나도 아름다운 한 소녀를 보고 입이 딱 벌어졌죠.

Por eso decidieron dejarla dormir allí.

그래서 백설공주가 거기서 자게 내버려두기로 했어요.

표현 check!

agotado/a 지친, 기진맥진한 | entrar sueño 졸음이 몰려오다 | encontrar 찾다, 발견하다 | acurrucarse 몸을 웅크리다 | regresar 돌아가다, 오다 | la mina 광산 | rápidamente 즉시, 곧 | darse cuenta de ~에 대해 깨닫다 | alguien 누군가 | allí 거기에 | nuestro/a 우리의 | el plato 요리, 접시 | aquí 여기 | la habitación 방 | descubrir 밝혀내다, 발견하다 | la muchacha 소녀, 여자아이 | tan 그렇게 | quedarse con la boca abierta 입이 딱 벌어지다 | dejar ~하게 놔두다 | dormir 자다, 잠들다

Al día siguiente Blancanieves les contó a los enanitos

다음날, 백설공주는 난쟁이들에게 이야기 하였어요.

cómo había llegado hasta allí.

어떻게 거기까지 오게 되었는지 말이죠.

Los enanitos le ofrecieron quedarse en su casa.

난쟁이들은 백설공주가 그들의 집에서 머물 수 있도록 해주었어요.

Pero, le advirtieron:

하지만 이렇게 경고했어요.

— Ten mucho cuidado y no abras la puerta a nadie.

조심 또 조심하고, 그 누구에게도 문을 열어주지 마.

La madrastra volvió a preguntarle a su espejito:

계모는 다시 마법 거울에게 물었어요.

**— Espejito espejito, contéstame a una cosa
¿no soy yo la más hermosa?**

거울아 거울아, 내게 답해다오. 세상에서 내가 제일 아름답지 않니?

**— Mi Reina, siento decirle que Blancanieves sigue siendo la más
bella.**

왕비님, 이런 말씀 죄송하지만 여전히 가장 아름다운 건 백설공주입니다.

**La reina se puso furiosa y utilizó sus poderes para saber dónde
se escondía la muchacha.**

왕비는 분통이 터져 자신의 능력들을 사용했어요. 백설공주가 어디에 숨어 있는지 알아 내기 위
해서 였죠.

표현 check!

al día siguiente 다음 날 | contar 이야기하다 | cómo 어떻게 | ofrecer 제공하다, ~해주기로 하다
quedarse 머물다 | advertir 경고하다 | tener cuidado 조심하다, 주의하다 | la puerta 문 | nadie
아무도 | volver a+ 동사원형 다시 ~하다 | preguntar 질문하다, 묻다 | la cosa 일, 것 | sentir 유감으
로 생각하다 | seguir + 현재분사 계속해서 ~하다 | ponerse furioso/a 분통 터지다 | el poder 권력,
힘 | esconderse 숨다

Cuando supo dónde se encontraba,

백설공주가 어디에 있는지 알아내자,

preparó una manzana envenenada, se disfrazó y se dirigió hacia la casa.

왕비는 독이든 사과를 준비하고, 변장을 하여 그 집으로 향했죠.

Cuando llegó llamó a la puerta.

집에 도착해서는 문을 두드렸어요.

Blancanieves se asomó por la ventana y contestó:

백설공주는 창문으로 내다보며 이렇게 대답했어요.

— No puedo abrir a nadie.

누구에게도 문을 열어줄 수 없어요.

— No temas, sólo vengo a traerte manzanas.

겁먹지 마렴, 그저 사과를 가져다주러 왔단다.

Tengo muchas y no sé qué hacer con ellas.

내게 사과가 너무 많아서 무얼 해야 할 지 모르겠구나.

Te dejaré aquí una, por si te apetece más tarde.

여기 하나 두고 간단다, 혹시 나중에 먹고 싶어 질지 모르니.

Blancanieves se fio de ella, mordió la manzana y...

백설공주는 그녀를 믿고, 사과를 베어 물었어요. 그리고는...

cayó al suelo de repente.

갑자기 바닥으로 쓰러졌어요.

표현 check!

preparar 준비하다 | encontrarse (장소에) 있다 | la manzana 사과 | disfrazarse 변장하다 |
asomarse por 들여다보다, 나타나다 | la ventana 창문 | temer 겁내다, 두려워하다 | venir a + 동
사원형 ~하러 오다 | dejar 남겨두다 | apetecer 당기다 | fiarse de 신뢰하다, 믿다 | morder 물다, 깨
물다 | de repente 갑자기, 별안간 | caer 떨어지다, 쓰러지다

마무리 학습
오늘 배운 내용을 완전히 내 것으로 만들어 봐요!

1 오늘의 동화 어휘 복습
각 단어의 알맞은 뜻을 찾아 이어주세요.

1. la madrastra •   • a. 계모

2. el misterio •   • b. 충고하다, 경고하다

3. advertir •   • c. 조심하다, 주의하다

4. envenenado/a •   • d. 신비, 수수께끼

5. tener cuidado •   • e. 독을 탄

2 표현 LEVEL UP!
동화 속 등장한 레벨업 표현들을 다시 한번 정리해 봅시다.

entrarle sueño	졸음이 몰려오다
quedarse con la boca abierta	입이 딱 벌어지다
al día siguiente	다음날
ponerse furioso/a	분통 터지다
asomarse por (la ventana)	(창문으로) 들여다/내다 보다
no sé qué hacer	뭘 해야 할 지 모르겠어

Tip

ponerse+형용사, 부사 표현은 ~으로 되다 라고 해석합니다. 아래의 예시처럼 활용해보세요.

Ej ponerse triste 슬퍼지다
ponerse rojo 얼굴을 붉히다
ponerse alegre 기분이 좋아지다

3 빈칸 QUIZ!

한국어 해설을 보고 빈칸에 알맞은 어휘를 넣어주세요.

¡OJO! 주어의 인칭 및 시제에 따른 동사변형 잊지 마세요.

1 백설공주는 어떻게 거기까지 오게 되었는지 난쟁이들에게 이야기 하였어요.

Blancanieves les contó a los enanitos cómo ⬚⬚ hasta allí.

2 조심 해야 해요. 그 누구에게도 문을 열어주지 마세요.

Ten mucho cuidado y ⬚⬚ la puerta a nadie.

3 왕비님, 죄송하지만 백설공주가 여전히 가장 아름답습니다.

Mi Reina, siento decirle que Blancanieves ⬚⬚ la más bella.

 QUIZ로 보는 오늘의 주요 문법 포인트

1 haber 동사의 불완료 과거형 + 과거분사 = 과거완료형

haber 동사 부분은 había/habías/había/habíamos/habíais/habían 으로 변형시켜 주세요!

2 - ir 동사의 '부정명령형' 은 다음과 같이 변형됩니다.

	vivir	abrir
tú	¡no vivas!	¡no abras!
usted	¡no viva!	¡no abra!
vosotros/as	¡no viváis!	¡no abráis!
ustedes	¡no vivan!	¡no abran!

3 'seguir+현재분사 = 계속해서 ~하다'

Ej Tengo que seguir estudiando.

나는 계속해서 공부를 해야 한다.

정답 확인

1 1. a 2. d 3. b 4. e 5. c

3 1. había llegado 2. no abras 3. sigue siendo

5강
백설 공주 ❸

오늘의 줄거리

주요 문장 "Sí, mi Reina. De nuevo usted es la más hermosa."

준비 하기

오늘의 어휘

음성파일 청취 전, 오늘의 동화에 등장할 주요 어휘를 살펴보아요.

어휘	뜻	어휘	뜻
el príncipe	왕자	tropezar	발이 걸려 넘어지다
muerto/a	죽은, 사망한	la garganta	목구멍
salvar	구하다, 돕다	el castillo	성, 성채
enamorarse de	사랑에 빠지다		

오늘의 동화

원어민 음성파일로 오늘의 동화를 들어보고 난 후 한 문장씩 읽어 보아요.

La malvada Reina la vio y se marchó riéndose.

못된 왕비는 공주를 보고 웃으면서 떠나 갔어요.

Al llegar a palacio, preguntó de nuevo:

궁전에 도착해서는, 왕비가 다시 물었어요.

— Espejito espejito, contéstame a una cosa.

거울아 거울아, 내게 답해다오.

¿no soy yo la más hermosa?

세상에서 내가 가장 아름답지 않니?

— Sí, mi Reina. De nuevo usted es la más hermosa.

네 왕비님. 다시 왕비님께서 가장 아름다우십니다.

Los enanitos llegaron a casa y encontraron a Blancanieves muerta en el suelo.

난쟁이들은 집에 도착했고, 바닥에 죽어 있는 백설공주를 발견했어요.

표현 check!

malvado/a 사악한 | marcharse 떠나다, 나아가다 | reírse 웃다 | al + 동사원형 ~할 때, ~해서
preguntar 묻다 | de nuevo 재차, 다시 | encontrar 찾다, 발견하다 | el suelo 바닥, 지면

Trataron de ayudarla, pero no pudieron hacer nada para salvarla.

어떻게든 도우려 했지만, 백설공주를 살릴 수는 없었어요.

Decidieron colocarla en una caja de cristal

그들은 백설공주를 유리상자에 넣기로 하고는

y la llevaron al bosque donde estuvieron velándola por mucho tiempo.

그녀를 숲으로 데려가 오랫동안 곁을 지켰어요.

Un día apareció por allí un príncipe que se enamoró de inmediato de ella,

하루는 그 곳에 왕자가 등장해서 백설공주를 보고 첫 눈에 반했어요.

y preguntó a los enanitos si podía llevársela con él.

그리고는 난쟁이들에게 백설공주를 데려가도 될 지 물었죠.

A los enanitos no les convencía la idea,

난쟁이들은 그의 생각이 썩 마음에 들지 않았지만,

pero el príncipe prometió cuidarla, así que aceptaron.

왕자가 백설공주를 잘 보살피겠다고 약속했기 때문에, 승낙을 하였어요.

표현 check!

tratar de + 동사원형 ~하려 애쓰다, 노력하다 | ayudar 돕다 | nada 아무것도, 없음 | colocar 두다, 놓다 | la caja de cristal 유리 상자 | llevar 가지고 가다, 운반하다 | velar 살피다, 신경 써 지키다 | por mucho tiempo 오래 | por allí 그 곳에 | de inmediato 즉시, 대번에 | si ~인지 아닌지 | llevarse (누구를) 함께 데리고 가다 | convencerle 만족시키다, 마음에 들다 | prometer 약속하다 | cuidar 보살피다, 돌보다 | aceptar 승낙하다, 받아들이다

Cuando los hombres del príncipe llevaban a Blancanieves, tropezaron con una piedra

왕자의 부하들이 백설공주를 데리고 가던 중, 돌에 걸려버렸고

y del golpe, salió disparado el bocado de manzana envenenada de la garganta de Blancanieves.

그 충격으로, 백설공주의 목에 걸린 독 사과 조각이 튕겨져 나왔어요.

En ese momento, Blancanieves abrió los ojos de nuevo.

그 순간, 백설 공주는 다시 눈을 떴어요.

— ¿Dónde estoy? ¿Qué ha pasado? — preguntó sorprendida Blancanieves.

여기가 어디죠? 무슨 일이 일어난 거죠? 놀란 백설공주가 물었어요.

— Tranquila, estás sana y salva

진정하시오, 공주는 무사하십니다.

y con eso me has hecho el hombre más afortunado del mundo.

그리고 무사한 덕에 저를 세상에서 가장 운 좋은 남자로 만들어 주었군요.

Blancanieves y el Príncipe se casaron y vivieron felices en su castillo.

백설공주와 왕자는 결혼을 하였고, 성에서 행복하게 살았답니다.

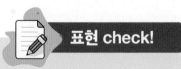

표현 check!

los hombres 남자들, 부하들 | la piedra 돌 | el golpe 충격 | disparar 쏘다, 발사하다 | el bocado 한 입, 한 입 거리 | la manzana envenenada 독 사과 | en ese momento 그 때, 그 순간 | abrir los ojos 눈을 뜨다 | sorprendido/a 놀란

마무리 학습

오늘 배운 내용을 완전히 내 것으로 만들어 봐요!

1 오늘의 동화 어휘 복습

각 단어의 알맞은 뜻을 찾아 이어주세요.

1. el príncipe •   • a. 사랑에 빠지다

2. muerto/a •   • b. 죽은, 사망한

3. salvar •   • c. 목구멍

4. enamorarse de •   • d. 구하다, 돕다

5. la garganta •   • e. 왕자

2 표현 LEVEL UP!

동화 속 등장한 레벨업 표현들을 다시 한번 정리해 봅시다.

marcharse	떠나다, 나아가다
de nuevo	또 다시, 재차
tratar de + 동사원형	(~하려고) 애쓰다, 노력하다
convencerle	만족시키다, 마음에 들다
sano y salvo	무사한, 무탈한

- de nuevo 와 같은 뜻으로 nuevamente라는 부사도 있으니 함께 알아 두세요!

- convencerle 는 gustar 와 같은 역구조 동사처럼 간접목적격 대명사(me/te/le/nos/os/les) 를 동반하여 활용해주시면 됩니다.

   Ej No me convence su idea.
   그의 생각이 그렇게 마음에 들지 않아.

3 빈칸 QUIZ!

한국어 해설을 보고 빈칸에 알맞은 어휘를 넣어주세요.

¡OJO! 주어의 인칭 및 시제에 따른 동사변형 잊지 마세요.

1 왕자는 난쟁이들에게 백설공주를 함께 데려가도 되는지 물었어요.

Preguntó a los enanitos ⬚ ⬚ **llevársela con él.**

2 그 순간, 백설 공주는 다시 눈을 떴어요.

⬚ ⬚ ⬚ **, Blancanieves abrió los ojos de nuevo.**

3 저를 세상에서 가장 운 좋은 남자로 만들어주었네요.

⬚ ⬚ ⬚ **el hombre más afortunado del mundo.**

 QUIZ로 보는 오늘의 주요 문법 포인트

1 Si 는 '~인지 아닌지' 라는 뜻을 가지고 있으니,
'si + poder+ 동사원형' 의 형태가 되면 '~해도 되는 지' 의 뜻이 되겠죠!

2 En ese momento는 entonces 혹은 en ese entonces 로 바꿔 써 주셔도 됩니다.
동화 속에는 'Entonces,' 의 표현이 많이 등장하니 함께 알아 두세요!

3 el hombre más afortunado del mundo
스페인어 최상급의 형태를 기억해주세요.

El patito feo

미운 오리 새끼

6강
미운 오리 새끼 ❶

오늘의 줄거리

**주요
문장** "¡Feo, feo, eres muy feo!"

준비 하기

오늘의 어휘

음성파일 청취 전, 오늘의 동화에 등장할 주요 어휘를 살펴보아요.

어휘	뜻	어휘	뜻
el pato	오리	feo/a	못생긴
el cascarón	껍질	tonto/a	바보 같은
la granja	농장	escapar	도망가다
el cisne	백조		

오늘의 동화

원어민 음성파일로 오늘의 동화를 들어보고 난 후 한 문장씩 읽어 보아요.

Un día mamá pata escuchó de repente... ¡cuac, cuac!

어느 날 엄마 오리는 갑자기 "꽥 꽥" 소리를 들었어요.

y vio cómo uno por uno sus polluelos empezaban a romper el cascarón.

엄마오리는 새끼오리 한 마리 한 마리가 어떻게 알의 껍질을 깨기 시작하는지 보았죠.

Bueno, todos menos uno.

좋아요, 한 마리만 빼고요.

Pero cuando por fin salió resultó ser totalmente diferente al resto.

하지만 마침내 그 새끼오리가 알을 깨고 나왔을 때, 나머지와는 전혀 다른 모습이었어요.

Era grande y feo.

크고 못생겼었죠.

Por eso el resto de animales de la granja comenzaron a reírse de él.

그래서 농장의 나머지 동물들은 그 새끼오리를 비웃기 시작했어요.

— ¡Feo, feo, eres muy feo! —, le cantaban.

"못난이! 못난이! 넌 너무 못생겼어!" 라며 지저귀었죠.

Su madre lo defendía, pero pasado el tiempo ya no supo qué decir.

엄마오리는 그 새끼오리를 감쌌지만, 시간이 지나자 이제 뭐라고 말해야 할지 몰랐어요.

표현 check!

escuchar 듣다 | de repente 갑작스럽게 | uno por uno 하나 하나 | el polluelo 병아리 | romper 부수다, 깨다 | todos 모두, 전부 | por fin 마침내, 결국 | resultar ~의 결과로 되다 | totalmente 완전히 | diferente 다른 | el resto 나머지 | el animal 동물 | reírse de ~를 비웃다 | cantar 노래하다 | defender 옹호하다, 지지하다

Los patos le daban picotazos, los pavos le perseguían y las gallinas se burlaban de él.

오리들은 부리로 쪼았고, 칠면조들은 새끼 오리를 쫓아다녔으며, 암탉들은 새끼오리를 놀리곤 했죠.

Al final su propia madre acabó convencida de que era un pato feo y tonto.

결국에는 엄마 오리도 새끼 오리가 못생기고 멍청한 오리라고 확신해 버렸죠.

— ¡Vete, no quiero que estés aquí!

가버려, 난 네가 여기 있는 걸 원하지 않아!

El pobre patito se sintió muy triste al oír esas palabras y escapó corriendo de allí.

가엾은 오리는 그 말을 듣고는 너무 슬퍼서 뛰쳐 도망쳤어요.

Acabó en la casa de una mujer anciana

결국 새끼 오리는 한 할머니의 집까지 가게 되었죠.

que vivía con un gato y una gallina.

고양이 한 마리와 암탉 한 마리와 함께 살고 계셨죠.

표현 check!

dar picotazos 쪼아 대다 | perseguir 쫓다, 따라다니다 | el pavo 칠면조 | la gallina 암탉 | burlarse de ~를 놀리다 | al final 결국에는 | propio/a 본인의, 자신의 | convencido/a 확신한 | querer 원하다 | pobre 가엾은, 가난한 | sentirse triste 슬퍼하다 | oír 듣다 | las palabras 말 | escapar 도주하다, 탈주하다 | acabar 끝나다, 마무리되다 | anciano/a 늙은, 연로한 | el gato 고양이 | la gallina 암탉

estés: estar(~이다, 있다) 동사의 접속법 현재 2인칭 단수

querer (원하다), esperar (희망하다), desear (바라다) 등의 '희망' 동사가 [A가 B에게 ~하길 원하다/바라다] 의 구조로 사용될 경우 que 이하 절의 동사는 접속법으로 사용해줍니다.

Ej Espero que venga* él. → *venir(오다) 동사의 접속법 현재 3인칭 단수

나는 그가 오길 희망한다. (그의 행동 변화를 요구)

Pero como no **fue capaz de** poner huevos también tuvo que abandonar aquel lugar.

하지만 미운 오리 새끼는 알을 낳지 못했기 때문에 그 곳도 떠나야만 했어요.

El pobre sentía que **no valía para nada**.

가여운 미운 오리는 자신이 아무 가치가 없다고 느꼈어요.

Un atardecer de otoño estaba mirando al cielo

어느 가을 해가 질 무렵, 미운 오리는 하늘을 바라보고 있었어요.

cuando apareció un grupo de pájaros grandes que le dejó con la boca abierta.

미운 오리의 입이 떡 벌어지게 한 큰 새들의 무리가 나타났을 때 말이죠.

Él no sabía que eran cisnes.

미운 오리는 그들이 백조인지 몰랐어요.

표현 check!

ser capaz de ~할 능력이 되다 | poner huevos 알을 낳다 | abandonar 떠나다, 포기하다 | aquel 저, 그 | valer ~의 가치가 있다 | no vale para nada 가치가 없다 | el atardecer 해 질 무렵 | el otoño 가을 | el cielo 하늘 | el pájaro 새, 작은 새 | el cisne 백조

마무리 학습

오늘 배운 내용을 완전히 내 것으로 만들어 봐요!

1 오늘의 동화 어휘 복습

각 단어의 알맞은 뜻을 찾아 이어주세요.

1. la granja • • a. 도망가다

2. el cascarón • • b. 못생긴

3. feo/a • • c. 백조

4. el cisne • • d. 농장

5. escapar • • e. 껍질

2 표현 LEVEL UP!

동화 속 등장한 레벨업 표현들을 다시 한번 정리해 봅시다.

reírse de	비웃다
dar picotazos	쪼아 대다
burlarse de	놀리다
ser capaz de	~할 능력이 되다
no vale para nada	아무 가치가 없다

- picotazo 는 '물기, 쪼기' 라는 명사로서 picar(쏘다, 찌르다) 동사에서 파생되었습니다.

- reírse de / burlarse de 라는 표현을 활용 할 때에는 1) 재귀대명사 2) 동사변형 3) 전치사 de 이 세 가지에 주의를 기울여야 합니다. 암기할 때부터 하나의 표현으로 외워 두시면 좋아요.

  Ej Me río de / Te ríes de / Se ríe de / Nos reímos de / Os reís de / Se ríen de
  Me burlo de / Te burlas de/ Se burla de/ Nos burlamos de/ Os burláis de/ Se burlan de

3 빈칸 QUIZ!

한국어 해설을 보고 빈칸에 알맞은 어휘를 넣어주세요.

¡OJO! 주어의 인칭 및 시제에 따른 동사변형 잊지 마세요.

1 그래서 농장의 나머지 동물들은 그 새끼오리를 비웃기 시작했어요.

Por eso el _____ de animales de la granja comenzaron a reírse de él.

2 가엾은 오리는 그 말을 듣고는 너무 슬퍼서 뛰쳐 도망쳤어요.

El pobre patito se sintió muy triste _____ _____ _____ _____

y escapó corriendo de allí.

3 미운 오리는 이것이 백조인지 몰랐어요.

Él _____ _____ que eran cisnes.

 QUIZ로 보는 오늘의 주요 문법 포인트

1 'el resto de + 복수명사' 는 '나머지 명사들' 이라고 해석 가능합니다.

2 'al + 동사원형' 은 '~할 때' 혹은 '~해서, ~이므로' 의 이유, 원인 표현을 나타냅니다.
이 때, 동사원형의 주어는 앞서 등장한 주어와 항상 동일합니다.

3 '모르고 있었어', '몰랐어' 의 표현은 saber 동사의 불완료과거로 사용합니다.
응용해보면, Ya lo sabía 는 '(나는) 이미 그것을 알고 있었어' 라는 표현이 되겠네요.

7강
미운 오리 새끼 ❷

오늘의 줄거리

**주요
문장** 'Entonces eso quería decir que... ¡se había
convertido en cisne!'

준비 하기

오늘의 어휘

음성파일 청취 전, 오늘의 동화에 등장할 주요 어휘를 살펴보아요.

어휘	뜻	어휘	뜻
la pluma	깃털, 깃	volar	날다
el invierno	겨울	la felicidad	행복
sobrevivir	살아남다, 생존하다	el elogio	칭찬
hechizar	매혹시키다		

오늘의 동화

원어민 음성파일로 오늘의 동화를 들어보고 난 후 한 문장씩 읽어 보아요.

— ¡Qué grandes son! ¡Y qué blancos! Sus plumas parecen nieve.

정말 크다! 정말 하얀 걸! 깃털이 눈 같아 보이네.

Deseó con todas sus fuerzas ser uno de ellos,

미운 오리는 그 새들 중 하나이고 싶다고 간절히 소망했어요.

pero abrió los ojos y se dio cuenta de que seguía siendo un pato feo.

하지만 현실을 자각하곤 자신이 여전히 못생긴 오리라는 것을 알아차렸죠.

Tras el otoño, llegó el frío invierno que fue muy duro para el pobre patito.

가을이 지나, 가엾은 오리에게는 너무도 혹독한 추운 겨울이 왔어요.

Sólo, muerto de frío y a menudo muerto de hambre también.

홀로 남아, 추위에 떨었고 자주 배고픔에도 시달렸죠.

Pero a pesar de todo logró sobrevivir y por fin llegó la primavera.

하지만 그럼에도 불구하고 미운 오리는 살아남았고 마침내 봄이 왔어요.

 표현 check!

la pluma 깃 | la nieve 눈 | desear 소망하다 | con todas sus fuerzas 온 힘을 다해 | abrir
los ojos 현실을 보다 | darse cuenta de ~를 깨닫다, 알아채다 | tras ~후에 | el otoño 가을 |
el invierno 겨울 | duro/a 고된, 혹독한 | sólo 유일한, 홀로 | muerto/a de ~로 죽을 정도의 |
a menudo 자주, 종종 | la hambre 배고픔 | a pesar de ~에도 불구하고 | lograr 달성하다 |
sobrevivir 살아남다, 생존하다 | por fin 마침내 | la primavera 봄

Una tarde en la que el sol empezaba a calentar

해가 따뜻해 지기 시작하던 어느 오후에,

decidió ir al parque para contemplar las flores.

미운 오리는 꽃을 둘러보려 공원에 가기로 했죠.

Allí vio en el estanque dos de aquellos pájaros grandes y blancos

거기 연못에서 그 크고 하얀 새 두 마리를 봤어요.

que había visto una vez hace tiempo.

예전에 한 번 보았던 새들이었죠.

Volvió a quedarse hechizado mirándolos,

미운 오리는 그 새들을 보며 다시 매혹되었어요.

pero esta vez tuvo el valor de acercarse a ellos.

하지만 이번에는 그들에게 다가갈 용기를 가졌죠.

Voló hasta donde estaban

미운 오리는 그들이 있었던 곳까지 날아갔고,

y entonces, algo llamó su atención en su reflejo.

 그리고 그때, 그가 비친 모습에서 무언가 미운 오리의 주의를 끌었어요.

표현 check!

la tarde 오후 | calentar 데우다, 뜨겁게 하다 | el parque 공원 | contemplar 응시하다, 심사숙고하다 | el estanque 연못, 저수지 | aquello 저것, 저, 그 | el pájaro 새 | una vez 한 번 | hechizar 매혹시키다 | mirar 보다 | esta vez 이번 | tener el valor de ~할 용기를 가지다 | acercarse a ~에 다가가다 | volar 날다 | llamar la atención 주의를 끌다 | el reflejo 그림자, 반영

¿Dónde estaba la imagen del pato grande y feo que era?

그 크고 못생겼던 오리의 모습은 어디에 있었던 거죠?

¡En su lugar había un cisne!

그 대신에 백조 한 마리가 있었어요!

Entonces eso quería decir que... ¡se había convertido en cisne!

그렇다면 그것이 의미하는 것은... 미운 오리가 백조로 바뀐 거네요!

O mejor dicho, siempre lo había sido.

혹은, 늘 백조였던 것이었겠죠.

Desde aquel día el patito sintió una felicidad que nunca había tenido.

그날 이후 오리는 그간 한 번도 가져보지 못한 행복감을 느꼈어요.

Aunque escuchó muchos elogios sobre su belleza,

비록 자신의 아름다운에 대한 많은 칭찬을 들었지만,

él nunca pudo acostumbrarse.

미운 오리는 좀처럼 적응될 수가 없었어요.

 표현 check!

la imagen 이미지, 양상 | querer decir 의미하다 | convertirse en ~로 바뀌다, 되다 | desde ~ 이래, ~에서 | sentir 느끼다 | la felicidad 행복감 | nunca 한 번도...아니다 | aunque 비록 ~이지만 | escuchar 듣다 | la belleza 아름다움 | acostumbrarse 적응되다

마무리 학습

오늘 배운 내용을 완전히 내 것으로 만들어 봐요!

---

1 오늘의 동화 어휘 복습

각 단어의 알맞은 뜻을 찾아 이어주세요.

1. la pluma •   • a. 칭찬

2. el invierno •   • b. 겨울

3. sobrevivir •   • c. 날다

4. volar •   • d. 살아남다, 생존하다

5. el elogio •   • e. 깃털, 깃

2 표현 LEVEL UP!

동화 속 등장한 레벨업 표현들을 다시 한번 정리해 봅시다.

abrir los ojos	현실을 자각하다
muerto de hambre	허기진, 배가 많이 고픈
tener el valor de	~할 용기를 가지다
llamar la atención	주의를 끌다
querer decir	의미하다
o mejor dicho	혹은 오히려, 되려

- 명사 el valor 는 '가치(관)', '가격,값', '용기, 용감함' 등 다양한 의미를 지닙니다.

- llamar la atención (주의를 끌다) 의 반대 표현으로 prestar la atención (주의를 기울이다)도 함께 알아 두세요.

3 빈칸 QUIZ!

한국어 해설을 보고 빈칸에 알맞은 어휘를 넣어주세요.

¡OJO! 주어의 인칭 및 시제에 따른 동사변형 잊지 마세요.

1 깃털이 눈 같아 보이네.

Sus plumas [____] nieve.

2 하지만 그럼에도 불구하고 미운 오리는 살아남았고, 마침내 봄이 왔어요.

Pero [____]. [____] [____] logró sobrevivir y por fin llegó la

primavera.

3 오리는 그간 한번도 가져보지 못한 행복감을 느꼈어요.

El patito sintió una felicidad [____] [____] [____] [____].

 QUIZ로 보는 오늘의 주요 문법 포인트

1 parecer 동사는 'me parece (que)' 의 형태 외에도, parecer + 형용사/부사 로도 자주 사용
됩니다. **Ej** Esta película parece muy interesante. 이 영화는 무척 재밌을 것 같다.

2 대표적인 양보 표현 (~에도 불구하고) 에는 aunque 와 a pesar de(que) 가 있습니다.
오늘 등장한 a pesar de todo는 말 그대로 '그 모든 것에도 불구하고' 라는 뜻입니다.
a pesar de todo, a pesar de esto, a pesar de eso 등의 형태를 한 번 활용해보세요!

3 '한 번도 ~한 적 없다' 라는 무경험의 표현은 nunca + haber 동사 변형 + 과거 분사 로
사용해주시면 됩니다. **Ej** Nunca he probado la comida mexicana. 나는 한 번도
멕시코 음식을 먹어본 적이 없어.

* 오늘의 동화 속 문장에서는 주동사(sintió) 가 과거로 쓰였기 때문에 '과거의 한 시점까지 한 번도 ~한 적 없다'
라는 표현을 위해 '과거 완료' 시제인 **nunca había+과거 분사** 가 쓰였습니다.

정답 확인

1 1. e 2. b 3. d 4. c 5. a

3 1. parecen   2. a pesar de todo   3. que nunca había tenido

La liebre y la tortuga

토끼와 거북이

8강
토끼와 거북이

오늘의 줄거리

주요 문장 **"¡En sus marcas, listos, ya!"**

준비 하기

오늘의 어휘

음성파일 청취 전, 오늘의 동화에 등장할 주요 어휘를 살펴보아요.

어휘	뜻	어휘	뜻
la liebre	산토끼	lento/a ↔ rápido/a	느린 ↔ 빠른
la tortuga	거북이	adelantarse	앞지르다, 앞서다
la carrera	경주	vencer	이기다
la sombra	그늘		

오늘의 동화

원어민 음성파일로 오늘의 동화를 들어보고 난 후 한 문장씩 읽어 보아요.

Había una vez una liebre

옛날 옛적에 산토끼 한 마리가 살았어요.

que se pasaba todo el día presumiendo de lo rápido que podía correr.

자신이 얼마나 빠르게 달릴 수 있는지 자랑하는 데에 하루 온종일을 보내곤 했죠.

Cansada de escucharla, un día la tortuga la retó a una carrera.

하루는, 토끼의 얘기를 듣는 것에 지친 거북이가 토끼에게 달리기 경주를 신청했어요.

— Debes estar bromeando — dijo la liebre riéndose a carcajadas.

농담하는 게 분명해. 토끼는 폭소를 터뜨리며 말했어요.

—Ya veremos liebre, guarda tus palabras hasta después de la carrera —

이제 보게 될 거야 토끼, 경주 후까지 네 말을 지켜 두라고!

respondió la tortuga.

거북이가 대답했어요.

Al día siguiente, los animales del bosque se reunieron para ver la carrera.

다음날, 숲 속의 동물들은 경주를 보기 위해 모여들었어요.

Todos querían ver si la tortuga en realidad podía vencer a la liebre.

모두들 정말 거북이가 토끼를 무찌를 수 있을지 보고 싶어 했죠.

표현 check!

pasarse 시간을 보내다 | todo el día 하루 종일 | presumir de ~을 자만하다, 자부하다 | cansado/a 지친, 피곤한 | un día 어느 날 | retar (결투를) 도전하다 | la carrera 경주, 달리기 | bromear 농담을 하다 | reírse a carcajadas 폭소를 터뜨리다 | guardar 지키다, 보호하다 | después de ~ 후에 | responder 대답하다 | el animal 동물 | unirse 모이다 | todos 모두들 | en realidad 정말, 실제로 | vencer 이기다, 무찌르다

El oso comenzó la carrera gritando:

곰이 소리를 외치며 경주를 시작했어요.

—¡En sus marcas, listos, ya!

제자리에, 준비, 땅!

La liebre se adelantó inmediatamente, corrió más rápido que nunca.

토끼는 즉시 앞질러, 그 어느때보다 빨리 뛰었어요.

Luego, miró hacia atrás

그리고 나서, 뒤를 돌아보았고

y vio que la tortuga se encontraba a unos pocos pasos de la línea de inicio.

거북이가 출발 선에서 몇 발자국 앞에 위치하는 것을 보았어요.

—Tortuga lenta e ingenua — pensó la liebre.

'느릿느릿하고 순진한 거북이' 토끼는 생각했어요.

—¿Por qué habrá querido competir, si no tiene ninguna oportunidad de ganar?

'왜 겨루길 원했던 걸까? 이길 가능성이 전혀 없는데 말이야?'

Confiada en que iba a ganar la carrera,

자신이 경주에서 이길 것이라고 확신에 찬 토끼는,

la liebre decidió parar en medio del camino para descansar debajo de un árbol.

나무 아래에서 쉬기 위해 길 한 가운데에서 멈추기로 결심했어요.

 표현 check!

el oso 곰 | gritar 외치다, 소리 치다 | la marca 표시, 마크 | listo/a 준비된 | adelantarse 앞서다, 앞지르다 | inmediatamente 즉시, 즉각 | más que nunca 어느 때보다 더 | luego 후에, 나중에 | mirar hacia atrás 뒤돌아보다 | encontrarse (장소에) 있다 | a unos pasos 아주 가까이, 몇 발자국 떨어져 | a línea de inicio 출발선 | ingenuo/a 순진한, 천진난만한 | competir 겨루다, 경쟁하다 | la oportunidad 기회 | ganar 이기다 | confiado/a 확신에 찬, 자만하는 | parar 멈추다 | en medio de ~ 한 가운데에 | el camino 길 | descansar 쉬다 | debajo de ~ 아래

La sombra del árbol era tan relajante que la liebre se quedó dormida.

나무 그늘이 너무나도 긴장을 풀리게 한 나머지 토끼는 잠에 들어버렸어요.

Mientras tanto, la tortuga siguió caminando lento, pero sin pausa.

한편, 거북이는 느리지만 쉬지 않고 계속 나아갔어요.

Estaba decidida a no darse por vencida.

거북이는 포기 하지 않기로 결심했죠.

No se sabe cuánto tiempo la liebre se quedó dormida,

토끼가 얼마나 잠에 들었는지는 모르죠.

pero cuando ella se despertó,

하지만 잠에서 깨어났을 때,

vio que la tortuga se encontraba a tan solo tres pasos de la meta.

토끼는 거북이가 결승선으로부터 고작 세 발자국 떨어져 있는 것을 보았어요.

En un sobresalto, salió corriendo con todas sus fuerzas, pero ya era muy tarde:

토끼는 깜짝 놀라, 전력을 다해 뛰어나갔으나, 이미 늦었어요.

¡La tortuga había alcanzado la meta y ganado la carrera!

거북이가 결승선에 도달하여 시합을 이겼었답니다!

표현 check!

la sombra 그림자 | relajante 긴장을 풀리게 하는 | quedarse dormido/a 잠들다 | mientras tanto 그동안, 한 편 | caminar 걷다, (목표로) 나아가다 | sin pausa 쉬지 않고 | la pausa 잠깐 멈춤, 중지 | decidido/a 결정된, 결심한 | darse por vencido/a 포기하다, 항복하다 | cuánto 얼마나 많은 | despertarse 깨다, 일어나다 | el paso 발자국 | la meta 결승선, 목표 | el sobresalto 질겁, 깜짝 놀람 | tarde 늦은 | alcanzar 도달하다, 이르다 | la carrera 경주

마무리 학습
오늘 배운 내용을 완전히 내 것으로 만들어 봐요!

---

1 오늘의 동화 어휘 복습

각 단어의 알맞은 뜻을 찾아 이어주세요.

1. la liebre • • a. 산토끼

2. adelantarse • • b. 경주

3. la carrera • • c. 그늘

4. la sombra • • d. 이기다

5. vencer • • e. 앞지르다, 앞서다

2 표현 LEVEL UP!

동화 속 등장한 레벨업 표현들을 다시 한번 정리해 봅시다.

debes estar bromeando	농담하는 게 분명해
reírse a carcajadas	폭소를 터뜨리다
¡En sus marcas, listos, ya!	제자리에, 준비, 땅!
mirar hacia atrás	뒤돌아보다
quedarse dormido/a	잠에 들다
darse por vencido/a	포기하다, 항복하다

- dormir 가 능동적 의미의 '자다' 에 해당한다면 quedarse dormido/a는 '잠들어 버리다, 자버리다' 라는 뉘앙스를 가집니다. '나 잠들어 버렸어' 라는 표현은 Me quedé dormido/a로 써주시면 되겠죠!

- reírse a carcajadas (폭소를 터뜨리다), mirar hacia atrás (뒤돌아보다) 와 같은 묘사 표현은 일상 생활에서 많이 활용해 보세요.

③ 빈칸 QUIZ!

한국어 해설을 보고 빈칸에 알맞은 어휘를 넣어주세요.

¡OJO! 주어의 인칭 및 시제에 따른 동사변형 잊지 마세요.

① 토끼는 그 어느 때보다 빨리 뛰었어요.

La liebre corrió ⬜ ⬜ ⬜ ⬜ .

② 거북이는 이길 가능성이 전혀 없는데도 왜 겨루길 원하였었을까?

¿Por qué ⬜ ⬜ ⬜ si no tiene ninguna oportunidad

de ganar?

③ 거북이는 느리지만 쉬지 않고 계속 나아갔어요.

La tortuga siguió caminando lento, pero ⬜ ⬜ .

 QUIZ로 보는 오늘의 주요 문법 포인트

① más que nunca는 직역 그대로 '그 어느 때보다' 라는 의미입니다.
추가적으로 más que nada (무엇보다도) 도 함께 알아 두면 좋겠죠!

② 스페인어의 '미래형'에는 현재 사실의 추측 기능도 있습니다.
¿Por qué querrá competir…? 라고 말하면 '왜 겨루길 원할까?'의 뜻이 되는 것이죠.
오늘의 동화 속 문장에서는 ¿Por qué habrá querido competir…? 라고 되어있기 때문
에 '왜 겨루길 원하였던 걸까?'라는 과거의 의미로 해석합니다.

③ sin pausa는 '멈춤 없이' 즉 '쉬지 않고' 의 의미를 가집니다.
Ej Sin prisa pero sin pausa (서두름 없이/ 그러나/ 멈춤 없이)

　　　서두르지 말되, 멈추지 마라

정답 확인

① 1. a 2. e 3. b 4. c 5. d

③ 1. más rápido que nunca   2. habrá querido competir   3. sin pausa

La bella y la bestia

9강
미녀와 야수 ①

오늘의 줄거리

주요 문장 "Llorando no conseguiré nada, trabajando sí."

준비 하기

오늘의 어휘

음성파일 청취 전, 오늘의 동화에 등장할 주요 어휘를 살펴보아요.

어휘	뜻	어휘	뜻
el mercader	장수, 상인	perder	잃다, 지다
la hija	딸	el barco	배, 선박
adinerado/a	돈이 많은, 부유한	la tormenta	폭풍우, 역경
bondadoso/a	마음이 선한, 친절한		

오늘의 동화

원어민 음성파일로 오늘의 동화를 들어보고 난 후 한 문장씩 읽어 보아요.

Había una vez un mercader adinerado que tenía tres hijas.

옛날 옛적에 세 딸을 가진 부유한 상인이 있었어요.

Entre ellas, la más joven era la más hermosa, a quien todos llamaban Bella.

세 딸들 중, 막내 딸이 가장 예뻤고 모두들 그녀를 미녀라고 불렀죠.

Además de bonita, era también bondadosa y por eso sus hermanas la envidiaban

예쁠 뿐만 아니라, 마음씨도 착해서 언니들은 그녀를 질투했어요.

y la consideraban estúpida por pasar el día tocando el piano y leyendo.

그리고 미녀가 피아노를 치고 독서를 하면서 하루를 보낸다며 멍청하다고 여겼죠.

Sucedió que un día perdieron todo cuanto tenían,

그런데 어느 날 그들은 가진 것 전부를 잃게 되었고,

solo les quedó una casita en el campo.

그들에게는 시골의 작은 집 한 채만 남게 되었죠.

Tuvieron que trasladarse allí

그들은 그 곳으로 이사를 가야 했어요.

y su padre les dijo que no les quedaba más remedio que labrar la tierra.

아버지는 딸들에게 땅을 경작하는 것 말고는 방도가 없다고 말했죠.

---

el mercader 상인 | adinerado/a 돈 많은, 부유한 | la hija 딸 | entre ~사이에, ~중에 | llamar 부르다 | bello/a 아름다운, 미의 | además de ... ~이외에 | envidiar 부러워하다, 질투하다 | considerar 여기다, 고려하다 | estúpido/a 멍청한, 바보 같은 | tocar el piano 피아노를 치다 | leer 읽다 | suceder 일어나다, 발생하다 | cuanto ~하는 모든 (것) | quedar 남다, 남아 있다 | el campo 시골, 농촌 | trasladarse 이사하다, 이동하다 | no quedar más remedio que ~밖에 달리 방법이 없다 | labrar 경작하다, 밭을 갈다 | la tierra 땅, 토지

미녀와 야수 | **77**

Las dos hermanas mayores se negaron mientras que Bella pensó:

두 언니는 이를 거부하는 반면, 미녀는 이렇게 생각했죠.

— Llorando no conseguiré nada, trabajando sí. Puedo ser feliz, aunque sea pobre.

'울면서는 아무것도 얻지 못해, 열심히 노력하면 가능하지. 비록 가난하다 할지라도, 난 행복해 질 수 있어.'

Así que Bella lo hacía todo.

그래서 미녀가 모든 것을 하였죠.

Preparaba la comida, limpiaba la casa, cultivaba la tierra y hasta encontraba tiempo para leer.

음식을 준비하고, 집을 청소하고, 땅을 경작하고, 심지어 책을 읽을 시간까지 찾아냈죠.

Sus hermanas, en lugar de estarle agradecidas se burlaban de ella.

두 언니들은, 미녀에게 고마워하는 대신 그녀를 놀리곤 했어요.

Llevaban un año viviendo así cuando le informaron al mercader

그렇게 살아 간지 1년이 됐을 무렵, 미녀의 아버지에게 소식이 전해왔어요.

de que un barco con mercancías suyas acababa de llegar.

그의 물건들을 실은 배 한 척이 막 도착했다는 것이었죠.

표현 check!

negarse 거부하다, 거절하다 | mientras que 반면에 | llorar 울다 | conseguir 얻다, 성취하다 | trabajar 일하다, 노력하다 | aunque 비록~일지라 | así que 그래서, 그 결과 | preparar 준비하다 | limpiar 청소하다 | cultivar 경작하다, 재배하다 | hasta ~까지 encontrar 찾다, 찾아내다 | en lugar de ~대신에 | agradecido/a(s) 감사하는 | burlarse de ~를 놀리다, 희롱하다 | llevar + 현재분사 계속해서 쭉 ~하다 | informar 보고하다, 정보를 주다 | el barco 배 | la mercancía 상품, 물건 | acabar de + 동사원형 지금 막 ~하다

Tip

sea: ser(~이다) 동사의 접속법 현재 3인칭 단수

aunque 접속사 뒤에는 직설법과 접속법, 모두 나올 수 있습니다.
접속사 aunque + 직설법: ~이지만 → 사실의 양보
접속사 aunque + 접속법: (설령) ~일지라도, ~라고 하더라도 → 가정의 양보 (실제 사실을 무시/외면)

Al oír la noticia las hijas mayores se apresuraron a pedirle a su padre

그 소식을 들은 두 언니는 서둘러 아버지에게 부탁했죠.

que les trajera caros vestidos.

비싼 옷을 가져다 달라고요.

Bella en cambio, sólo pidió unas sencillas rosas.

반면 미녀는 소박한 장미꽃 몇 송이만 부탁드렸죠.

Pero el Mercader apenas pudo recuperar sus mercancías y volvió tan pobre como antes.

하지만 상인은 그의 물건들을 거의 되찾지 못했고 다시 예전만큼 가난해졌어요.

Cuando estaba volviendo a casa, se encontró con una tormenta terrible.

상인이 집으로 돌아오던 중 끔찍한 폭풍우와 만났어요.

Estaba muerto de frío y hambre.

상인은 춥고 배고파 죽을 것 같았어요.

Entonces, vio una luz que provenía de un castillo.

그리고 그 때, 한 성채에서 흘러나오는 빛을 보았죠.

 표현 check!

la noticia 소식, 뉴스 │ apresurarse a +동사원형 서둘러~하다 │ traer 가져오다 │ caro/a 비싼 │ el vestido 옷, 드레스 │ en cambio 반면, 한편 │ sencillo/a 간소한, 소박한 │ la rosa 장미꽃 │ apenas 거의 ~아니다, 겨우 │ recuperar 회복하다, 되찾다 │ tan…como antes 예전만큼 ~하다 │ volver 돌아가다 │ encontrarse con 맞닥뜨리다 │ la tormenta 폭풍우, 불운 │ terrible 굉장한, 지독한 │ muerto/a de ~로 죽을 것 같은 │ la luz 빛 │ provenir de ~에서 나오다, 비롯되다 │ el castillo 성, 성채

Tip

trajera: traer(가져오다, 가져가다) 동사의 접속법 과거 3인칭 단수

ordenar (명령하다), decir(~하라고 말하다), pedir (요청하다) 등 상대의 행동 변화를 요구하는 '명령·요청' 동사들은 que 이하 절에 '접속법'을 사용해줍니다. 기본형태는 [A가 B에게 ~**하라고** 하다/시키다]가 되겠죠.

• 3강(백설공주)의 문법 포인트와 연결하여 학습해보세요!
   La reina ordenó a un cazador que se la llevara al bosque, la matara y volviese con su corazón.
   왕비(A)가 사냥꾼(B)에게 ~ (llevar, matar, volver) 하라고 명령했다(ordenar) 의 구조였던 거 기억해 주세요!

마무리 학습

오늘 배운 내용을 완전히 내 것으로 만들어 봐요!

1 오늘의 동화 어휘 복습

각 단어의 알맞은 뜻을 찾아 이어주세요.

1. el mercader •   • a. 돈이 많은, 부유한

2. adinerado/a •   • b. 마음이 선한, 친절한

3. bondadoso/a •   • c. 장수, 상인

4. perder •   • d. 폭풍우, 역경

5. la tormenta •   • e. 잃다, 지다

2 표현 LEVEL UP!

동화 속 등장한 레벨업 표현들을 다시 한번 정리해 봅시다.

no quedar más remedio que	~밖에 달리 방법이 없다
en lugar de	대신에
acabar de + 동사원형	지금 막 ~하다
apresurarse a + 동사원형	서둘러 ~하다
tan ... como antes	예전만큼 ~하다
encontrarse con	맞닥뜨리다, 부딪치다

Tip

acabar de + 동사원형 은 '지금 막 ~하다' 의 의미를 가지고 있지만, 현재형으로 써 주시면 됩니다.

Ej Acabo de llegar : 나 지금 막 도착했어.

Cuando me llamó él, **acababa*** de llegar : 그가 내게 전화했을 때, 난 막 도착했다.

*¡**OJO!** acabar de +동사원형의 과거표현은 '불완료 과거형'으로 써주세요.

3 빈칸 QUIZ!

한국어 해설을 보고 빈칸에 알맞은 어휘를 넣어주세요.

¡OJO! 주어의 인칭 및 시제에 따른 동사변형 잊지 마세요.

> **1** 그런데 어느 날 그들은 가진 것 전부를 잃게 되었어요.
>
> **Sucedió que un día perdieron** ⬚ ⬚ **tenían.**

> **2** 울면서는 아무것도 얻지 못해, 열심히 노력하면 가능하지.
>
> ⬚ **no conseguiré nada,** ⬚ **sí.**

> **3** 그들은 시골에서 1년간 쭉 그렇게 살고 있었어요.
>
> ⬚ **un año** ⬚ **así en el campo.**

 QUIZ로 보는 오늘의 주요 문법 포인트

1 todo cuanto tenían은 todo lo que tenían으로 대체 사용 가능합니다.

2 현재분사는 동시 진행 행위(~하면서)를 표현할 수 있습니다.

3 llevar+시간+현재분사는 일상에서 정말 많이 쓰는 표현이니 꼭 활용해보세요!

> **Ej** Llevo 3 años saliendo con mi novio. 나는 3년째 남자친구와 만나고 있다.
>
> Llevo 4 años estudiando español. 나는 4년째 스페인어를 공부하고 있다.

정답 확인

1 1. c 2. a 3. b 4. e 5. d

3 1. todo cuanto 2. Llorando, trabajando 3. Llevaban, viviendo

10강
미녀와 야수 ❷

주요문장 "Iré al castillo y entregaré mi vida a la bestia."

준비 하기

오늘의 어휘

음성파일 청취 전, 오늘의 동화에 등장할 주요 어휘를 살펴보아요.

어휘	뜻	어휘	뜻
la bestia	야수	agotado/a	지친, 기진맥진한
la hija	딸	perdonar	용서하다
encendido/a	불이 켜진	asombrarse	놀라다
nervioso/a	겁내는, 불안한		

동화 속으로!

오늘의 동화

원어민 음성파일로 오늘의 동화를 들어보고 난 후 한 문장씩 읽어 보아요.

Al llegar al castillo no encontró a nadie.

성에 도착했을 때, 아무도 발견하지 못했어요.

Sin embargo, el fuego estaba encendido y la mesa estaba llena de comida.

하지만, 불은 켜져 있었고, 테이블은 음식으로 가득 차 있었어요.

Tenía tanta hambre que no pudo evitar probarla.

그는 너무 배가 고파서 음식을 먹어보지 않을 수 없었어요.

Se sintió tan cansado que durmió allí.

너무 피곤해서 그 곳에서 잠에 들었죠.

Al día siguiente encontró ropas limpias y una taza de chocolate caliente esperándolo.

다음날, 그는 깨끗한 옷과 핫 초코 한 잔이 그를 기다리고 있는 것을 발견했죠.

Cuando estaba marchándose,

그가 성을 떠날 때,

al ver las rosas del jardín recordó la promesa que había hecho a Bella.

정원의 장미를 보니 미녀에게 했던 약속이 기억났어요.

Cuando se dispuso a cortarlas apareció ante él una bestia enorme.

그가 장미를 막 따려고 할 때, 그의 앞에 거대한 야수가 나타났어요.

표현 check!

el castillo 성, 성채 | encontrar 발견하다 | nadie 아무도 | el fuego 불 | encendido/a 켜진 | la mesa 상, 테이블 | estar lleno/a de ~로 가득 찬 | tan ... que ... 너무 ~해서 ~하다 | evitar 피하다, 막다 | probar 먹어 보다, ~해보다 | sentirse 느끼다 | cansado/a 피곤한 | dormir 자다 | al día siguiente 다음날 | la ropa 옷 | limpio/a 깨끗한 | la taza 잔,컵 | el chocolate caliente 핫 초콜릿 | esperar 기다리다 | marcharse 떠나다, 나가다 | la rosa 장미 | el jardín 정원 | recordar 기억하다, 생각해 내다 | la promesa 약속 | disponerse a + 동사원형 ~하려고 하다 | cortar 자르다, 베다 | aparecer 나타나다 | ante ... ~앞에 | enorme 거대한, 막대한

미녀와 야수 | **83**

— ¿Así es como pagas mi gratitud?

고마움을 이렇게 보답한다는 말인가?

— ¡Lo siento! ... son para una de mis hijas ...

죄송합니다!... 제 딸 아이를 위한 것이었습니다...

— ¡Basta! Te perdonaré la vida solo si una de tus hijas me ofrece la suya a cambio.

그만! 너의 딸 중 한 명이 내게 자신의 목숨을 대가로 바친다면 네 목숨을 용서해주지.

Ahora ¡Vete!

이제, 나가!

El hombre llegó a casa agotado, entregó las rosas a Bella

남자는 지친 채로 집에 돌아와, 미녀에게 꽃을 주고는

y les contó lo que había sucedido.

그에게 일어났던 일을 딸들에게 얘기해 주었어요.

Las hermanas de Bella comenzaron a decirle que tenía la culpa de todo.

미녀의 언니들은 미녀가 모든 것에 대한 책임이 있다고 말하기 시작했어요.

 표현 check!

así 그렇게 | pagar 지불하다, 보답하다, 갚다 | la gratitud 감사, 감사의 마음 | perdonar 용서하다
la vida 생명, 목숨 | ofrecer 제공하다, 바치다 | a cambio ~대신에 | agotado/a 지친, 기진맥진한
entregar 건네 주다, 주다 | contar 이야기하다, 말하다 | suceder 일어나다, 발생하다
comenzar a + 동사원형 ~를 시작하다 | tener la culpa de ~에 책임이 있다

De repente, Bella dijo con firmeza.

갑자기, 미녀가 단호하게 말했어요.

—Iré al castillo y entregaré mi vida a la bestia.

제가 성으로 가서 야수에게 제 목숨을 바치겠어요.

Cuando Bella llegó al castillo se asombró de su esplendor.

미녀가 성에 도착했을 때, 성채의 화려함에 놀랐어요.

Encontró escrito en una puerta 'Habitación de Bella'

미녀는 한 문에 '미녀의 방' 이라고 적혀 있는 것을 발견했죠.

donde había un piano y una biblioteca.

그 방에는 피아노 하나와 서재가 있었어요.

Esa noche bajó a cenar y aunque estuvo muy nerviosa al principio

그날 밤 저녁식사를 하려 내려갔고, 비록 처음에는 너무 긴장되었지만

empezó a pensar que la bestia no era lo que aparentaba, sino que era muy amable y bondadosa.

미녀는 야수가 겉보기와 같지 않고 참 친절하고 다정하다고 생각하기 시작했죠.

표현 check!

de repente 갑자기 | con firmeza 단호하게 | asombrarse 놀라다 | el esplendor 화려함, 호화로움 | escrito/a 쓰인 | la puerta 문 | la habitación 방 | la biblioteca 도서관, 서재, 책장 | bajar 내려가다 | aunque 비록 ~이지만 | nervioso/a 겁내는, 불안한 | al principio 처음에는 | aparentar 짐짓 ~로 보이다

마무리 학습

오늘 배운 내용을 완전히 내 것으로 만들어 봐요!

1 오늘의 동화 어휘 복습

각 단어의 알맞은 뜻을 찾아 이어주세요.

1. la bestia · · a. 불이 켜진

2. la promesa · · b. 야수

3. encendido/a · · c. 약속

4. agotado/a · · d. 용서하다

5. perdonar · · e. 지친, 기진맥진한

2 표현 LEVEL UP!

동화 속 등장한 레벨업 표현들을 다시 한번 정리해 봅시다.

estar lleno/a de	~로 가득 찬
no pudo evitar + 동사원형	~하지 않을 수 없었다
solo si + 문장	~할 경우에 한 해, ~해야 지만
tener la culpa de	~의 책임이 있다
decir con firmeza	단호하게 말하다
al principio	처음에는

Tip

• no pudo evitar+ 동사원형 표현 속 pudo는 인칭/시제에 따라 동사변형 할 수 있습니다.

• tener la culpa de ... 표현은 ser culpable de ...으로 대체 사용 가능합니다.

• al principio는 '처음에는'이라는 뜻을 가지고, en principio는 '원칙적으로'라는 의미를 가지니 혼동하지 않도록 주의하세요!

3 빈칸 QUIZ!

한국어 해설을 보고 빈칸에 알맞은 어휘를 넣어주세요.

¡OJO! 주어의 인칭 및 시제에 따른 동사변형 잊지 마세요.

1 너무 피곤해서 그 곳에서 잠에 들었죠

⬚⬚⬚⬚ ⬚⬚⬚⬚ tan ⬚⬚⬚⬚ que durmió allí.

2 남자는 미녀에게 꽃을 전해주고 그에게 일어났던 일을 딸들에게 얘기해 주었어요.

El hombre entregó las rosas a Bella y les contó ⬚⬚⬚⬚ ⬚⬚⬚⬚

⬚⬚⬚⬚ ⬚⬚⬚⬚ .

3 야수가 겉보기와 같지 않고 참 친절하고 다정했어요.

La bestia ⬚⬚⬚⬚ lo que aparentaba ⬚⬚⬚⬚ ⬚⬚⬚⬚

⬚⬚⬚⬚ muy amable y bondadosa.

 QUIZ로 보는 오늘의 주요 문법 포인트

1 tan…que: 너무 ~해서 ~하다

sentirse+형용사 (vs) sentir+명사

2 lo que ha sucedido의 'lo que + 문장' 은 '~한 것' 으로 해석하면 됩니다.

suceder 동사는 ocurrir / pasar 등의 동사로 대체 가능하겠죠!

Ej Dime lo que te ha pasado esta mañana.

오늘 아침 너에게 일어난 일(것)을 내게 말해줘.

3 No A, sino B는 'A가 아니라 B다' 라는 표현입니다. 오늘 등장한 문장에서는 sino 뒤에 문장이 나왔기 때문에 que를 붙여주었습니다.

Ej Isabel no es estudiante sino profesora. Isabel은 학생이 아니라 선생님이야.

정답 확인

1 1. b 2. c 3. a 4. e 5. d

3 1. Se sintió, cansado 2. lo que había sucedido 3. no era, sino que era

11강
미녀와 야수 ❸

오늘의 줄거리

주요
문장 **"¡No te puedes morir! ¡Seré tu esposa!"**

준비 하기

오늘의 어휘

음성파일 청취 전, 오늘의 동화에 등장할 주요 어휘를 살펴보아요.

어휘	뜻	어휘	뜻
la esposa	아내	sonar la campana	종이 울리다
el afecto	호감, 애정	el hechizo	주술, 주문
soñar con	~의 꿈을 꾸다	apuesto/a	잘생긴, 멀끔한
soportar	견디다, 참다		

오늘의 동화

원어민 음성파일로 오늘의 동화를 들어보고 난 후 한 문장씩 읽어 보아요.

Con el tiempo, Bella comenzó a sentir afecto por la bestia.

시간이 흐르자, 미녀는 야수에게 애정을 느끼기 시작했어요.

Aunque cuando la bestia le preguntaba si querría ser su esposa

비록 야수가 미녀에게 자신의 부인이 되어 주겠냐고 질문할 때면

ella siempre contestaba:

미녀는 항상 이렇게 대답하곤 했지만 말이예요.

— **Lo siento.**

미안해요.

— **Eres muy bueno conmigo, pero no creo que pueda casarme contigo.**

당신은 내게 아주 친절하지만 당신과 결혼할 수는 없을 것 같아요.

표현 check!

con el tiempo 시간이 흐름에 따라 | comenzar a + 동사원형 ~하기 시작하다 | el afecto 호감, 애정 | aunque 비록~이지만 | preguntar si ~인지 아닌지 묻다 | la esposa 아내 | contestar 대답하다 | bueno/a 좋은, 친절한 | conmigo 나에게, 나와 함께 | casarse con ~와 결혼하다 | contigo 너에게, 너와 함께

Tip

pueda: poder (~할 수 있다) 동사의 접속법 현재 3인칭 단수

'No creo que ...', 'No pienso que ...' 와 같이 '생각의 의심,부정 표현(~라 생각하지 않는다. 믿지 않는다)' 에서는 que 이하 절에 접속법 동사를 사용합니다.

Ej No creo que él **esté*** en casa. *estar 동사의 접속법 현재 3인칭 단수
그가 집에 있을 거라 믿지 않는다.

No pienso que eso **sea*** importante. *ser 동사의 접속법 현재 3인칭 단수
나는 그것이 중요하다고 생각하지 않는다.

La bestia pese a eso no se enfadaba, sino que lanzaba un largo suspiro y desaparecía.

야수는 그럼에도 불구하고 화를 내지 않고, 긴 한 숨을 내쉬고는 사라져 버렸죠.

Un día Bella le pidió a la bestia que le dejara ir a ver a su padre, ya que había caído enfermo.

어느 날 미녀는 야수에게 아버지를 보러 가게 해 달라고 부탁했어요. 아버지가 아프셨기 때문이죠.

La bestia sólo le pidió que por favor volviera pronto.

야수는 제발 빨리 돌아와 달라고 부탁했어요.

— Te prometo que volveré en ocho días —, dijo Bella.

8일 안에 돌아오겠다고 약속할게요, 미녀가 말했어요.

Bella estuvo en casa de su padre durante diez días.

미녀는 10일간 아버지 댁에 있었어요.

Una noche soñó con la bestia en el jardín del castillo medio muerta.

어느 날 밤, 미녀는 성의 정원에서 죽어가는 야수의 꿈을 꾸었어요.

Regresó de inmediato al castillo, recordó su sueño y la encontró en el jardín.

그녀는 즉시 성으로 돌아 가, 자신의 꿈을 떠올렸고 정원에서 야수를 발견하였어요.

표현 check!

pese a ~에도 불구하고 | enfadarse 화를 내다 | lanzar un suspiro 한숨을 내쉬다 | desaparecer 사라지다 | dejar ~하게 하다, 두다 | caer enfermo/a 병에 걸리다, 아프다 | por favor 제발 | volver 돌아오다 | pronto 곧, 일찍 | prometer 약속하다 | durante ~ 동안 | soñar con ~의 꿈을 꾸다 | el jardín 정원 | medio muerto/a 반쯤 죽어 있는

dejara: dejar(~하게 두다) 동사의 접속법 과거 3인칭 단수
volviera: volver(돌아오다, 돌아가다) 동사의 접속법 과거 3인칭 단수

'ordenar (명령하다), decir(~하라고 말하다), pedir (요청하다) 등 상대의 행동 변화를 요구하는 '명령·요청' 동사들은 que 이하 절에 '접속법'을 사용해줍니다. 기본형태는 [A가 B에게 ~하라고 하다/시키다]가 되겠죠.

• 9강(미녀와야수)의 문법 포인트와 연결하여 학습해보세요!

La pobre bestia no había podido soportar estar lejos de ella.

가엾은 야수는 그녀에게서 멀리 떨어져 있는 것을 견딜 수 없었어요.

— No te preocupes. Al menos, he podido verte una vez más.

걱정 마세요. 적어도 한 번 더 당신을 볼 수 있었네요.

—¡No te puedes morir! ¡Seré tu esposa!

죽으면 안돼요! 당신의 아내가 될게요!

Entonces una luz iluminó el castillo y sonaron las campanas.

그리고 그 때 빛이 성을 비추고 종이 울렸어요.

Cuando Bella se dio la vuelta hacia la bestia en su lugar había un apuesto príncipe.

미녀가 야수 쪽으로 돌아보았을 때 그 자리에는 잘생긴 왕자가 자리하고 있었어요.

— Gracias Bella. Has roto el hechizo.

고맙소, 미녀. 당신이 마법을 풀었네요.

Un hada me condenó a vivir con esta forma

한 요정이 나를 이렇게 살도록 만들었죠.

hasta encontrar a una joven capaz de amarme y tú lo has hecho.

나를 사랑해 줄 수 있는 여인을 만날 때까지 말이에요. 그리고, 당신이 그것을 해냈죠.

Ambos se casaron y vivieron juntos y felices durante muchos años.

두 사람은 결혼을 하여 오래도록 함께 행복하게 살았답니다.

표현 check!

regresar 돌아가다 | de inmediato 즉시 | recordar 기억하다, 생각해내다 | soportar 견디다, 참다 | lejos de ~에서 멀리(에) | preocuparse 걱정하다 | al menos 적어도, 최소한 | una vez más 한 번 더 | morirse 죽다, 죽어 버리다 | la luz 빛 | iluminar 비추다, 빛나다 | sonar la campana 종이 울리다 | darse la vuelta 뒤돌아서도 | hacia ~쪽으로 | apuesto/a 잘생긴, 멀끔한 | romper 깨다 | el hechizo 주술, 주문 | el hada 요정 | la forma 형상, 외형, 방식 | capaz de ~할 수 있는, 할 줄 아는 | condenar a 동사원형 (누구에게) 억지로 ~하게 하다, 형을 선고하다 | ambos 두 사람 | durante muchos años 오랫동안

마무리 학습

오늘 배운 내용을 완전히 내 것으로 만들어 봐요!

1 오늘의 동화 어휘 복습

각 단어의 알맞은 뜻을 찾아 이어주세요.

1. la esposa •   • a. ~의 꿈을 꾸다

2. el afecto •   • b. 주술, 주문

3. soñar con •   • c. 잘생긴, 멀끔한

4. el hechizo •   • d. 호감, 애정

5. apuesto/a •   • e. 아내

2 표현 LEVEL UP!

동화 속 등장한 레벨업 표현들을 다시 한번 정리해 봅시다.

con el tiempo	시간이 흐름에 따라
preguntar si	~인지 아닌지 묻다
lanzar un suspiro	한숨을 내쉬다
medio muerto/a	반쯤 죽어 있는
No te preocupes	걱정 마
darse la vuelta	뒤돌아서다

Tip

• 5강(백설공주)에서 'si + poder' 표현을 배웠죠. 확장 표현으로 preguntar si + poder는 '할 수 있는지 묻다' 라는 의미로 사용할 수 있습니다.

Ej Ella me preguntó si podía ayudarla.
그녀는 내게 자신을 도와 줄 수 있는지 물었다.

• No te preocupes는 preocuparse(걱정하다) 동사의 부정명령 Tú형입니다. 자주 사용할 수 있는 표현이니 기억해두세요.

③ 빈칸 QUIZ!

한국어 해설을 보고 빈칸에 알맞은 어휘를 넣어주세요.

¡OJO! 주어의 인칭 및 시제에 따른 동사변형 잊지 마세요.

① 8일 안에 돌아오겠다고 약속 할게요.

〔   〕〔   〕 que volveré en ocho días.

② 그녀는 즉시 성으로 돌아갔고 정원에서 야수를 발견하였어요.

Regresó 〔   〕〔   〕 al castillo y la encontró en el jardín.

③ 가엾은 야수는 그녀에게서 멀리 떨어져 있는 것을 견딜 수 없었어요.

La pobre bestia no había podido soportar 〔   〕〔   〕〔   〕 ella.

 QUIZ로 보는 오늘의 주요 문법 포인트

① Te prometo que ... 이렇게 que 이하에 문장을 넣어주면 '~할 거라고 약속해' 라는 표현으로 사용할 수 있습니다.

② de inmediato의 동의어인 inmediatamente도 함께 알아 두면 좋습니다.

③ no había podido soportar estar de lejos ... 문장에는 동사가 많이 나열 되어 있지만,

(había +과거분사)=> no había podido ~할 수 없었다

(poder + 동사원형) => había podido soportar ... 참을 수 없었다

(soportar 의 목적어) => estar de lejos 멀리 떨어져 있는 것을

이렇게 끊어서 이해하면 한 결 쉽게 해석이 가능합니다!

정답 확인

① 1. e 2. d 3. a 4. b 5. c

③ 1. Te prometo   2. de inmediato   3. estar lejos de

Caperucita roja

빨간 망토

12강
빨간 망토 ❶

오늘의 줄거리

주요문장 "Soy yo, Caperucita" dijo el lobo.

준비 하기

오늘의 어휘

음성파일 청취 전, 오늘의 동화에 등장할 주요 어휘를 살펴보아요.

어휘	뜻	어휘	뜻
la caperucita roja	빨간 망토	cumpleaños	생일
la abuela	할머니	la cesta	바구니
dulce	단, (성격이) 온화한, 다정한	el camino	길 , 거리
regalar	선물하다		

오늘의 동화

원어민 음성파일로 오늘의 동화를 들어보고 난 후 한 문장씩 읽어 보아요.

Había una vez una dulce niña que quería mucho a su familia.

옛날 옛적에 가족을 매우 사랑하던 다정한 소녀가 있었어요.

El día de su cumpleaños su abuela le regaló una caperuza roja.

소녀의 생일 날, 할머니께서 빨간 망토를 선물해 주셨어요.

Como iba con ella a todas partes, pronto todos empezaron a llamarla Caperucita roja.

소녀가 어느 곳이든 빨간 망토를 쓰고 다녀서, 곧 모두들 그녀를 '빨간망토' 라고 부르기 시작했죠.

Un día la abuela de Caperucita, que vivía en el bosque, se puso enferma

어느 날, 숲에 살고 계시던 빨간 망토의 할머니가 아프셨고

y su madre le pidió que le llevara comida.

소녀의 어머니는 할머니께 음식을 가져다 드리라고 부탁했어요.

Caperucita aceptó encantada.

빨간 망토소녀는 흔쾌히 승낙했죠.

표현 check!

querer 사랑하다 | la familia 가족 | cumpleaños 생일 | regalar 선물하다 | la caperuza roja 빨간 망토 | a todas partes 곳곳에, 어디든 | llamar 부르다 | ponerse enfermo/a 병(이) 나다 | pedir 부탁하다, 요청하다 | llevar 가지고 가다, 운반하다 | aceptar 받아들이다 | encantado/a 매우 만족한

Tip

llevara: llevar(가지고 가다) 동사의 접속법 과거 3인칭 단수

[A가 B에게 ~하라고 하다/시키다] 구조의 '명령·요청' 동사들은 que 이하 절에 '접속법'을 사용해줍니다.

● 9강/11강(미녀와야수)의 문법 포인트와 연결하여 학습해보세요!
(9강) Al oír la noticia las hijas mayores se apresuraron a pedirle a su padre que les trajera caros vestidos.
(11강) Un día Bella le pidió a la bestia que le dejara ir a ver a su padre.

— Ten mucho cuidado y no te entretengas en el bosque.

정말 조심하고 숲에서는 한 눈 팔지 마렴.

—¡Sí, mamá!

네, 엄마!

La niña caminaba tranquilamente por el bosque

소녀는 차분하게 숲을 거닐었어요.

cuando el lobo la vio y se acercó a ella.

그리고 그 때 늑대가 소녀를 보곤 소녀에게 다가섰죠.

— ¿Dónde vas Caperucita?

빨간 망토 소녀야 어디를 가니?

— A casa de mi abuelita a llevarle esta cesta.

이 바구니를 가져다 드리려 할머니 댁에 가요.

— Yo también quería ir a verla ...

나도 할머니를 뵈러 가고 싶었거든...

así que, ¿por qué no hacemos una carrera?

그래서 말야, 우리 경주를 하는게 어때?

Tú ve por ese camino que yo iré por este otro.

너는 저 길로 가고, 나는 이 다른 길로 갈게!

— ¡Vale!

좋아요!

 표현 check!

tener cuidado 조심하다, 주의하다 | entretenerse 즐기다, 기분전환을 하다 | tranquilamente 평온
하게, 차분하게 | acercarse a 다가서다, 다가가다 | llevar 가지고 가다 | la cesta 바구니 | ¿Por qué
no...? ~하는게 어때? | ese/esa 그, 그런 | este/esta 이, 이런

El lobo mandó a Caperucita por el camino más largo y llegó a casa de la abuelita primero.

늑대는 빨간 망토 소녀를 더 오래 걸리는 길로 보냈고 빨간 망토보다 먼저 할머니 댁에 도착했어요.

Por lo tanto, se hizo pasar por la pequeña y llamó a la puerta.

그래서, 빨간 망토로 가장하여 문을 두들겼어요.

— ¿Quién es? — contestó la abuelita.

누구세요? 할머니가 대답했어요.

— Soy yo, Caperucita — dijo el lobo.

저예요, 빨간 망토. 늑대가 말했어요.

— Qué bien hija mía. Pasa, pasa.

아이 좋아라, 아가. 들어오렴.

El lobo entró, se lanzó sobre la abuelita y se la comió de un bocado.

늑대가 들어가서는, 할머니 위로 덤벼들어 한 입에 삼켜 버렸어요.

Se puso su camisón y se metió en la cama a esperar la llegada de Caperucita.

늑대는 할머니의 가운을 입고 빨간 망토가 도착하기를 기다리기 위해 침대로 들어갔어요

La pequeña se entretuvo en el bosque cogiendo flores y por eso tardó en llegar un poco más.

빨간 망토 소녀는 숲에서 꽃을 따며 놀았고 그래서 도착하는 데 시간이 좀 더 걸렸죠.

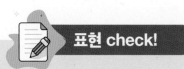

표현 check!

mandar 보내다, 명령하다 | largo/a 긴 | primero 처음에, 앞질러 | hacerse pasar por 행세하다, 가장하다 | el pequeño 꼬마, 어린이 | llamar a la puerta 문을 두드리다 | contestar 대답하다 | pasar 건너다, 통과하다 | lanzarse sobre 덤벼들다, 덮치다 | de un bocado 한 입에 | ponerse 입다, 쓰다 | el camisón 가운, 드레스 | meterse en 넣다, 들어가다 | esperar 기다리다 | la llegada 도착 | entretenerse 즐기다, 기분전환을 하다 | coger flores 꽃을 따다 | tardar en +동사원형 ~하는데 시간이 걸리다

마무리 학습

오늘 배운 내용을 완전히 내 것으로 만들어 봐요!

---

1 오늘의 동화 어휘 복습

각 단어의 알맞은 뜻을 찾아 이어주세요.

1. la abuela   •
2. regalar   •
3. cumpleaños   •
4. la cesta   •
5. el camino   •

• a. 길, 거리
• b. 바구니
• c. 생일
• d. 선물하다
• e. 할머니

2 표현 LEVEL UP!

동화 속 등장한 레벨업 표현들을 다시 한번 정리해 봅시다.

a todas partes	곳곳에, 어디든
¡No te entretengas!	한 눈 팔지 마렴!
¿Por qué no…?	~하는게 어때?
hacerse pasar por	행세하다, 가장하다
lanzarse sobre	덤벼들다, 덮치다
de un bocado	한 입에

Tip

• No te entretengas는 entretenerse (즐기다, 기분전환하다) 동사의 부정명령 Tú형입니다.

• ¿Por qué no …? 는 제안표현으로 많이 사용합니다. 'Por qué no' 뒤에 바로 문장을 붙여 주면 됩니다.

Ej ¿Por qué no vamos al cine mañana?
내일 영화 보러 가는 게 어때?

3 빈칸 QUIZ!

한국어 해설을 보고 빈칸에 알맞은 어휘를 넣어주세요.

¡OJO! 주어의 인칭 및 시제에 따른 동사변형 잊지 마세요.

1 소녀는 숲을 거닐었고 그 때 늑대가 소녀에게 다가섰죠.

La niña caminaba por el bosque cuando el lobo ⬜⬜ ⬜ ⬜ ella.

2 나도 할머니를 뵈러 가고 싶었거든...

Yo también quería ⬜ ⬜ ⬜ ...

3 소녀는 숲에서 꽃을 따며 놀다가 도착하는 데 시간이 좀 더 걸렸죠.

La pequeña se entretuvo en el bosque cogiendo flores y por eso ⬜ ⬜ llegar un poco más.

QUIZ로 보는 오늘의 주요 문법 포인트

1 acercarse a를 변형 시킬 때는 재귀대명사와 전치사에 유의해야합니다.

Ej me acerco a / te acercas a / se acerca a / nos acercamos a...

동사 변형 시 재귀대명사 se도 바꿔줘야 하며 전치사 a를 붙여주는 것도 잊지 마세요!

2 verla의 la는 '그녀를'에 해당하는 직접 목적격 대명사입니다.

3 tardar +시간 + en 동사원형 = ~하는데 시간이 (얼마) 걸리다

오늘 등장한 문장에서는 tardar / un poco más / en llegar 의 구조로 쓰였습니다!

정답 확인

1 1. e 2. d 3. c 4. b 5. a

3 1. se acercó a   2. ir a verla   3. tardó en

13강
빨간 망토 ❷

오늘의 줄거리

주요문장 "Pero abuelita, ¡qué dientes más grandes tienes!"

준비 하기

오늘의 어휘
음성파일 청취 전, 오늘의 동화에 등장할 주요 어휘를 살펴보아요.

어휘	뜻	어휘	뜻
el cazador	사냥꾼	la tripa	배, 복부
afinar	가늘게 하다	sacar	꺼내다
las orejas	귀	ahogarse	익사하다, 물에 빠지다
los dientes	이, 치아		

오늘의 동화

원어민 음성파일로 오늘의 동화를 들어보고 난 후 한 문장씩 읽어 보아요.

Al llegar llamó a la puerta.

빨간 망토는 도착하여 문을 두들겼어요.

— ¿Quién es? — contestó el lobo tratando de afinar su voz.

누구세요? 늑대가 목소리를 가늘게 하려 애쓰며 대답했어요.

— Soy yo, Caperucita. Te traigo comida.

저예요, 빨간 망토. 음식을 가져왔어요.

— Qué bien hija mía. Pasa, pasa.

아이 좋아라, 아가. 들어오렴.

Cuando Caperucita entró encontró diferente a la abuelita, aunque no supo bien por qué.

빨간 망토가 들어갔을 때 할머니가 다르게 느껴졌어요, 비록 왜인지는 몰랐지만 말이예요.

— ¡Abuelita, qué ojos más grandes tienes!

할머니, 엄청 큰 눈을 갖고 계시네요!

— Sí, son para verte mejor ...

그래, 너를 더 잘 보기 위한 것 이란다...

— ¡Abuelita, qué orejas tan grandes tienes!

할머니, 엄청 큰 귀를 갖고 계시네요!

— Claro, son para oírte mejor ...

아무렴, 너의 말을 더 잘 듣기 위한 것 이란다...

표현 check!

tratar de + 동사원형 애쓰다, 힘쓰다 | afinar 가늘게 하다 | la voz 목소리 | traer 가져오다 | pasar 지나가다, 통과하다 | diferente 다른 | aunque 비록 ~이지만 | no saber por qué ~하는 이유를 모르다 | los ojos 눈 | grande 큰 | ver 보다 | mejor 더 좋은, 더 잘 | claro 물론! 아무렴! | las orejas 귀 | tan 그렇게, 이렇게 | oír 듣다

— Pero abuelita, ¡qué dientes más grandes tienes!

근데 할머니, 이도 정말 크신 걸요!

— ¡Son para comerte mejor!

그건 너를 더 잘 먹어 버리기 위한 것이지!

En cuanto dijo esto el lobo se lanzó sobre Caperucita y se la comió también.

이 말을 하자 마자 늑대는 빨간 망토 위로 덤벼 들어 마찬가지로 먹어 버렸어요.

Su estómago estaba tan lleno que el lobo se quedó dormido.

위가 너무나도 가득 차 버린 나머지 늑대는 잠들고 말았어요.

En ese momento un cazador que lo había visto entrar comenzó a preocuparse.

그 때, 늑대가 들어가는 것을 보았던 한 사냥꾼은 걱정하기 시작했어요.

— Ha pasado mucho rato desde que entró ...

늑대가 들어간 이후로 시간이 무척 흘렀는데...

¡Dios mío, **sabía que** podía pasar esto!

이럴 수가! 이런 일이 일어날 줄 알았지!

Entró y vio al lobo con la panza hinchada.

사냥꾼은 들어가서 배가 빵빵해진 늑대를 보았어요.

Se imaginó lo ocurrido,

사냥꾼은 무슨 일이 일어났는지 상상되었고,

así que con su cuchillo abrió la tripa del animal para sacar a Caperucita y su abuelita.

따라서 빨간 망토와 할머니를 꺼내기 위해 늑대의 배를 칼로 열었어요.

 표현 check!

los dientes 이, 치아 | en cuanto ~ 하자 마자 | esto 이것 | lanzarse sobre 덤벼들다, 덮치다 | el estómago 위 | lleno/a 가득 찬 | quedarse dormido/a 잠들다 | en ese momento 그 때, 그 순간 | preocuparse 걱정하다 | pasar (때가) 지나다, 경과하다 | el rato 시간, 잠깐 | desde que ~이래, 이후로 | ¡Dios mío! 아! 아이고! (신이시여!) | la panza 배, 복부 | hinchado/a 부은 | imaginarse 상상하다 | ocurrir 일어나다, 생기다 | el cuchillo 칼, 나이프 | abrir 열다 | el animal 동물

— Hay que darle un buen castigo a este lobo— pensó el cazador.

'이 늑대에게 적당한 벌을 줘야 하겠군'이라고 사냥꾼은 생각했어요.

Le llenó la tripa de piedras y se la volvió a coser.

사냥꾼은 늑대의 배를 돌로 가득 채우고 다시 꿰매 놓았어요.

Cuando el lobo se despertó se acercó al río porque tenía mucha sed.

늑대가 잠에서 깨어났을 때 강으로 다가갔어요. 목이 너무 말랐기 때문이죠.

Y ¡zas! Se cayó dentro y se ahogó.

그리고는... 첨벙! 하고 강 속으로 떨어져 물에 빠져 죽었죠.

Caperucita volvió a ver a su madre y su abuelita

빨간 망토는 다시 엄마와 할머니를 보게 되었고

y desde entonces prometió hacer siempre caso a lo que le dijera su madre.

그 때 이후로 엄마께서 하시는 말씀을 늘 귀 담아 듣겠다고 약속했죠.

 표현 check!

buen(o) 좋은, 적절한 | dar un castigo 벌을 주다 | llenar A de B A를 B로 채우다 | la tripa 배, 복부
| la piedra 돌 | volver a + 동사원형 다시 ~하다 | coser(se) 바느질하다, 꿰매다 | despertarse 깨
어나다 | acercarse a ~로 다가가다 | el río 강 | tener sed 목 마르다, 갈증 나다 | zas (감탄사) 탁! 철
썩! | caerse 떨어지다 | dentro ~안에, 안으로 | ahogarse 익사하다, 물에 빠지다 | desde entonces
그 때 이후로 | prometer 약속하다 | hacer caso (말을) 귀담아듣다, 유의하다

> dijera: decir(말하다) 동사의 접속법 과거 3인칭 단수
>
> lo que le dijera su madre: 엄마가 말씀하시는 것
> 이 때, 엄마께서 앞으로 말씀하실 내용을 아직 정확히는 모르기 때문에 (미경험의 행위·불확실) 접속법을 사용합
> 니다.

마무리 학습

오늘 배운 내용을 완전히 내 것으로 만들어 봐요!

1 오늘의 동화 어휘 복습

각 단어의 알맞은 뜻을 찾아 이어주세요.

1. el cazador • • a. 이, 치아

2. las orejas • • b. 사냥꾼

3. los dientes • • c. 귀

4. sacar • • d. 익사하다, 물에 빠지다

5. ahogarse • • e. 꺼내다

2 표현 LEVEL UP!

동화 속 등장한 레벨업 표현들을 다시 한번 정리해 봅시다.

no saber por qué	~하는 이유를 모르다
en cuanto	~하자 마자
sabía que ...	~할 줄 알았어
dar un castigo	벌을 주다
desde entonces	그 때 이후로
hacer caso	(말을) 귀담아듣다, 유의하다

Tip

• No sé por qué라고 말하면 이 문장 자체로 '왜인지 (그런지) 모르겠어' 라는 표현이 됩니다.
마찬가지로 No sabía por qué는 '왜인지 몰랐어, 왜인지 모르겠더라' 라는 의미가 되겠죠!

• Hacer caso 는 아주 자주 사용되는 표현이니 꼭 기억해 두세요!

Ej Él siempre no me hace caso
그는 늘 내 말을 듣지 않아 (내 말에 유의하지 않아)

3 빈칸 QUIZ!

한국어 해설을 보고 빈칸에 알맞은 어휘를 넣어주세요.

¡OJO! 주어의 인칭 및 시제에 따른 동사변형 잊지 마세요.

---

① 근데 할머니, 이도 정말 크신 걸요!

Pero abuelita, ¡ ____ dientes ____ grandes tienes!

② 늑대가 들어간 이후로 시간이 무척 흘렀는데…

Ha pasado mucho rato ____ ____ entró…

③ 늑대가 잠에서 깨어났을 때 목이 너무 말라서 강으로 다가갔어요.

____ el lobo ____ ____ se acercó al río porque tenía

mucha sed.

 QUIZ로 보는 오늘의 주요 문법 포인트

① Qué 감탄문 의 여러 형태 중 하나입니다. 'qué +명사+ tan (más) + 형용사' 로 되어있네요.
'qué +형용사+ 동사 + 주어' 로도 감탄문을 만들 수 있습니다.

Ej ¡Qué grandes son tus dientes!

② despertarse, acercarse a의 동사는 단순과거형인 반면, porque 문장의 동사는 불완료
과거형이죠! 이와 같이 과거의 행위에 대한 '이유, 원인(porque)' 를 나타내는 동사는 불완료
과거로 사용합니다.

정답 확인

1 1. b 2. c 3. a 4. e 5. d

3 1. qué, más 2. desde que 3. Cuando, se despertó

Hansel y Gretel

14강
헨젤과 그레텔 ❶

오늘의 줄거리

주요문장 "No te preocupes. Encontraré la forma de regresar a casa."

준비 하기

오늘의 어휘

음성파일 청취 전, 오늘의 동화에 등장할 주요 어휘를 살펴보아요.

어휘	뜻	어휘	뜻
el matrimonio	결혼, 부부	la hoguera	모닥불
la cabaña	오두막 (집)	la paloma	비둘기
regresar	되돌아가다	llorar	울다
trocito de pan	빵 조각		

오늘의 동화

원어민 음성파일로 오늘의 동화를 들어보고 난 후 한 문장씩 읽어 보아요.

Había una vez un matrimonio

옛날 옛적에 한 부부가 있었어요.

que vivía en una cabaña con sus dos hijos, Hansel y Gretel.

헨젤과 그레텔, 두 아이와 함께 한 오두막에서 살았었죠.

Como no eran capaces de alimentarlos, un día tuvieron que tomar una decisión.

부부는 두 자녀를 기를 능력이 되지 않았었기 때문에 하루는 한 결정을 내려야만 했지요.

— Los dejaremos en el bosque con la esperanza de que

"아이들을 숲에 내버려 두도록 해요. 더 나은 상황에 있는 누군가가

alguien en mejor situación pueda hacerse cargo de ellos — dijo la madre.

아이들을 맡을 수 있을 거란 희망을 가지고 말이에요." 라고 엄마가 말했어요.

Los niños que oyeron toda la conversación a escondidas comenzaron a llorar asustados.

숨어서 대화를 들은 아이들은 깜짝 놀라 울기 시작했어요.

표현 check!

el matrimonio 부부 | la cabaña 오두막 | los hijos 자식, 자녀 | ser capaz de ~할 능력이 있다
alimentar 부양하다, 기르다 | tomar una decisión 결정을 내리다 | con la esperanza de ~의 희망
을 가지고 | la situación 상황 | hacerse cargo de 담당하다, 맡다 | oír 듣다 | la conversación 대
화 | a escondidas 숨어서 | asustado/a 깜짝 놀라

> **pueda**: poder(~할 수 있다) 동사의 접속법 현재 3인칭 단수
>
> hacerse cargo de '~을 책임지다' 라는 동사가 실제 있었던 일이 아니라 **미경험·미래**의 의미를 가지기 때문에 접속법을 사용합니다. 앞부분에서 'con la esperanza de'라는 표현이 등장하므로 더욱 확실히 희망(미경험)에 대한 이야기라는 것을 알 수 있겠죠!

Hansel dijo a su hermana:

헨젤은 여동생에게 말했어요.

— No te preocupes. Encontraré la forma de regresar a casa.

걱정 마. 집에 돌아갈 방법을 찾아낼 거야.

Al día siguiente fueron todos al bosque, los niños se quedaron junto a una hoguera y se durmieron.

다음 날 그들은 숲으로 향했어요, 아이들은 모닥불 곁에 머물렀고 잠에 들었어요.

Cuando despertaron sus padres ya no estaban.

그들이 잠에서 깨어났을 때 부모님은 이미 안 계셨어요.

Gretel empezó a llorar.

그레텔은 울기 시작했죠.

— No llores Gretel. He ido dejando trocitos de pan a lo largo de todo el camino.

울지 마 그레텔. 내가 모든 길을 따라서 빵 조각을 남겨두며 왔어.

Sin embargo, las palomas se los habían comido.

하지만, 비둘기들이 빵조각들을 먹어버린 상태였죠.

Así que los niños anduvieron perdidos por el bosque

따라서 아이들은 길을 잃은 채 숲을 거닐었어요.

hasta que no pudieron dar un paso más.

한 걸음조차 더 뗄 수 없을 때까지 말이예요.

 표현 check!

preocuparse 걱정하다 | encontrar 찾다, 발견하다 | la forma 방법, 방식 | regresar 돌아가다 | al día siguiente 다음날 | quedarse 머물다, 남다 | junto a 곁에, 옆에 | la hoguera 모닥불 | dormirse 잠들다 | despertar 잠에서 깨다 | ya 벌써, 이미 | el trocito 작은 조각 | a lo largo de ~동안, ~를 따라 | sin embargo 그러나 | la paloma 비둘기 | andar 걷다, 거닐다 | perdido/a (길을) 잃은 | hasta que ~할 때까지 | dar un paso 걸음을 떼다

Entonces, se encontraron con una casa hecha de pan,

그 때, 아이들은 빵으로 만들어진 집 한 채를 우연히 발견했어요.

cubierta de chocolate y con ventanas de azúcar.

초콜릿으로 뒤덮여 있었고 설탕으로 만든 창문들이 있었죠.

Tenían tanta hambre, que se lanzaron a comer sobre ella.

그들은 너무나도 배가 고파서, 서둘러 집을 먹기 시작했어요.

De repente se abrió la puerta de la casa y salió de ella una vieja.

그 때 갑자기 집 문이 열렸고, 한 노파가 집에서 나왔어요.

— Hola niños, ¿qué hacéis aquí? ¿Acaso tenéis hambre?

안녕 얘들아, 여기서 뭐 하니? 혹시 너희 배가 고픈 거니?

Los niños asintieron con la cabeza.

아이들은 끄덕였어요.

— Entrad y os preparé algo muy rico — dijo.

"들어오렴. 내가 너희들에게 아주 맛있는 무언가를 준비해 줄테니" 라고 노파가 말했어요.

La vieja les dio de comer y les ofreció quedarse a dormir.

노파는 그들에게 먹을 것을 주고는 집에 머물러 잘 수 있도록 해주었어요.

표현 check!

encontrarse con (우연) 찾아내다, 만나다 | hecho/a de ~로 만들어진 | cubierto/a de ~로 덮인 | la ventana 창문 | el azúcar 설탕 | lanzarse a 급히, 서둘러~하다 | de repente 갑자기 | abrirse 열리다 | el viejo 노인, 노파 | acaso 혹시, 혹여 | asentir con la cabeza 고개를 끄덕이다 | asentir 동의하다, 수긍하다 | preparar 준비하다 | rico/a 맛있는 | dar de comer 먹을 것을 주다 | ofrecer 주다, 제공하다

마무리 학습

오늘 배운 내용을 완전히 내 것으로 만들어 봐요!

---

1 오늘의 동화 어휘 복습

각 단어의 알맞은 뜻을 찾아 이어주세요.

1. el matrimonio •   • a. 오두막 (집)

2. la cabaña •   • b. 결혼, 부부

3. regresar •   • c. 돌아가다

4. la paloma •   • d. 울다

5. llorar •   • e. 비둘기

2 표현 LEVEL UP!

동화 속 등장한 레벨업 표현들을 다시 한번 정리해 봅시다.

con la esperanza de	~의 희망을 가지고
hacerse cargo de	담당하다, 부담하다
a escondidas	숨어서
a lo largo de	~동안, ~를 따라
dar un paso	걸음을 떼다
asentir con la cabeza	끄덕이다

- '동의하다, 찬성하다'의 뜻을 가진 동사 asentir 와 con la cabeza (머리로, 머리와 함께)가 만나면 '끄덕이다' 라는 표현이 됩니다. 꼭 기억해 두었다 작문, 회화에 활용해 보세요!

③ 빈칸 QUIZ!

한국어 해설을 보고 빈칸에 알맞은 어휘를 넣어주세요.

¡OJO! 주어의 인칭 및 시제에 따른 동사변형 잊지 마세요.

❶ 부부는 두 자녀를 기를 능력이 되지 않았기 때문에 한 결정을 내려야만 했지요.

Como no eran capaces de alimentarlos, ⬜⬜⬜ ⬜⬜⬜ tomar una

decisión.

❷ 그들이 잠에서 깨어났을 때 부모님은 이미 안 계셨어요.

Cuando despertaron sus padres ⬜⬜⬜ ⬜⬜⬜ ⬜⬜⬜ .

❸ 그 때, 그들은 빵으로 만들어져 초콜릿이 뒤덮여 있는 한 집을 우연히 찾아냈어요.

Entonces, se encontraron con una casa ⬜⬜⬜ ⬜⬜ pan y

⬜⬜⬜ ⬜⬜⬜ chocolate.

 QUIZ로 보는 오늘의 주요 문법 포인트

❶ 'tener que + 동사원형' 의무표현을 사용할 때는 tener 동사를 시제와 인칭에 맞게 변형해야
합니다. 오늘의 동화 속 문장에서는 '단순과거형/3인칭 복수'로 나왔네요!

'Tuve que / tuviste que / tuvo que / tuvimos que / tuvisteis que / tuvieron que'

❷ 부사 ya는 '벌써, 이미' (완료) 혹은 '즉시, 지금 곧' 의 뜻을 가집니다.
문장을 통해 각 상황별 어감을 익히는 게 중요하겠죠!

Ej Ya se fue 그(녀)는 이미 갔어

Ya te llamaré 내가 곧 전화할게.

❸ estar hecho/a de (~로 만들어져 있다) / estar cubierto/a de (~로 덮여 있다)
hecho와 cubierto는 각각 hacer (만들다, 하다) / cubrir (덮다) 동사의 과거분사입니다.

정답 확인

① 1. b 2. a 3. c 4. e 5. d

③ 1. tuvieron que 2. ya no estaban 3. hecha de, cubierta de

15강
헨젤과 그레텔 ❷

오늘의 줄거리

**주요
문장** 'Pero cuando la bruja metió la cabeza dentro del horno, la pequeña la empujó y cerró la puerta.'

준비 하기

오늘의 어휘

음성파일 청취 전, 오늘의 동화에 등장할 주요 어휘를 살펴보아요.

어휘	뜻	어휘	뜻
la bruja	마녀	engordar	살찌다, 살이 오르다
encerrar	가두다	empujar	밀다, 찌르다
el horno	화덕, 오븐	la joya	보석, 귀금속
el dedo	손가락		

오늘의 동화

원어민 음성파일로 오늘의 동화를 들어보고 난 후 한 문장씩 읽어 보아요.

Por la mañana temprano, cogió a Hansel y lo encerró en el establo.

이른 아침, 노파는 헨젤을 잡아 마구간에 가둬버렸어요.

— ¡Aquí te quedarás hasta que engordes! — le dijo.

"포동포동 살이 찔 때까지 여기에 있으렴!" 노파는 헨젤에게 말했죠.

Con muy malos modos despertó a su hermana y la mandó a por agua para preparar comida,

노파는 아주 못되게 그레텔을 깨워 식사 준비를 위해 물을 푸러 가라고 시켰어요,

pues su hermano debía engordar cuanto antes para poder comérselo.

오빠인 헨젤을 잡아먹기 위해 되도록 빨리 살 찌워야 했기 때문이죠.

La pequeña Gretel se dio cuenta entonces de que era una malvada bruja.

어린 그레텔은 그제야 노파가 못된 마녀였다는 것을 깨달았어요.

표현 check!

temprano 이른 | coger 잡다, 붙들다 | encerrar 가두다 | el establo 마구간, 가축 우리 | hasta que ~할 때까지 | engordar 살찌다, 살 찌우다 | con malos modos 못된 행실로 | despertar 깨우다 | ir a por agua 물을 푸러 가다 | pues ~때문에, ~왜냐하면 | cuanto antes 되도록/가능한 빨리 | darse cuenta de ~을 깨닫다, 알아차리다 | malvado/a 못된, 사악한

engordes: engordar(살찌다, 살 찌우다) 동사의 접속법 현재 2인칭 단수

시간 접속사 hasta que(~할 때까지)는 직설법, 접속법 모두와 함께 사용 가능합니다.

그 중, 본문의 내용처럼 hasta que 이하 절의 동사가 미경험·미래의 행위일 경우에는 접속법을 사용합니다.

'살찔 때까지...' 즉, 아직 살이 찌지 않았으니 'engordar' 동사가 미경험의 상태인 것입니다.

Pasaban los días y la bruja se impacientaba porque no veía engordar a Hansel

시간은 흘렀고 헨젤이 살찌는 모습이 보이지 않자 마녀는 조바심이 났어요.

ya que cuando le decía que le mostrara un dedo para ver si había engordado,

그도 그럴 것이, 마녀가 헨젤이 살이 쪘는지 확인하기 위해 손가락을 보여 달라고 할 때,

la engañaba con un huesecillo aprovechándose de su ceguera.

헨젤은 마녀가 앞이 잘 보이지 않는 것을 이용해 작은 뼈로 마녀를 속이곤 했거든요.

De modo que un día la bruja decidió no esperar más.

그렇게 마녀는 더 이상 기다리지 않기로 했어요.

— ¡Gretel, prepara el horno que vas a hacer pan! — ordenó a la niña.

"그레텔, 빵을 만들 화덕을 준비해 놓거라!" 라고 소녀에게 명령했어요.

La niña pensó que en cuanto se despistara, la bruja la arrojaría dentro del horno.

그레텔은 자신이 실수하는 즉시 마녀가 자신을 화덕에 던져 넣을 것이라고 생각했죠.

표현 check!

impacientarse 조바심이 나다, 안달하다 | ya que ~이므로, 그도 그럴 것이 | mostrar 보이다, 보여주다 | engañar 눈속임하다, 속이다 | el hueso 뼈 | aprovecharse de ~를 이용하다 | la ceguera 실명, 색맹 | de modo que 그래서, 그렇게 | esperar 기다리다 | el horno 화덕, 오븐 | ordenar 명령하다, ~하라고 말하다 | en cuanto ~하자 마자 | despistarse 넋 놓다, 방심하다 | arrojar 던지다, 내버리다

- **mostrara:** mostrar(보여주다) 동사의 접속법 과거 3인칭 단수

'decir(~하라고 말하다), pedir (요청하다), ordenar (명령하다)' 등 상대의 행동 변화를 요구하는 '명령·요청' 동사들은 que 이하 절에 '접속법'을 사용해줍니다. 기본형태는 [A가 B에게 ~하라고 말하다/시키다]가 되겠죠.

[주어 decir que + 직설법] 형태라면 단순히 [주어가 ~라고 말하다]의 의미입니다. 꼭 구분해서 사용해주세요!

- **se despistara:** despistarse (넋 놓다, 방심하다) 동사의 접속법 과거 3인칭 단수

시간 접속사 en cuanto (~하자 마자) 는 직설법, 접속법 모두와 함께 사용 가능합니다.
그 중, 본문의 내용처럼 hasta que 이하 절의 동사가 미경험·미래의 행위일 경우에는 접속법을 사용합니다.
'한눈 팔고 방심하자 마자... (실수하자 마자)' 즉, 아직 실수하지 않았으니 'despistarse' 동사가 미경험의 상태인 것입니다.

— No sé cómo se hace — dijo la niña.

"어떻게 하는지 몰라요" 라고 그레텔이 말했어요.

— ¡Niña tonta! ¡Quita del medio!

이 바보같은 녀석! 비켜!

Pero cuando la bruja metió la cabeza dentro del horno, la pequeña la empujó y cerró la puerta.

하지만 마녀가 화덕 안으로 머리를 넣었을 때, 그레텔은 마녀를 밀어 넣고 문을 닫아 버렸어요.

Enseguida fue a liberar a su hermano.

곧바로 그레텔은 오빠를 풀어주러 갔어요.

Los dos pequeños se abrazaron y lloraron de alegría.

둘은 서로 부둥켜안고 기쁨의 눈물을 흘렸어요.

Estaban a punto de marcharse cuando se les ocurrió echar un vistazo.

그들이 막 떠나려던 참에 갑자기 한 번 둘러보고 갈까 하는 생각이 들었어요.

¡Qué sorpresa! Encontraron cajas llenas de joyas,

어머나, 놀랍군요! 그들은 보석으로 가득 찬 상자를 발견했어요.

así que se llenaron los bolsillos y decidieron volver a casa.

그렇게 그들은 주머니들 가득 채우고는 집으로 돌아가기로 결정했죠.

Cuando llegaron, sus padres se alegraron muchísimo

그들이 도착했을 때, 부모님은 무척 기뻐하셨어요.

y con lo que traían vivieron el resto de sus días felices y sin pasar pobreza.

그들이 가지고 온 것으로 그들은 남은 삶을 행복하고 배고픔 없이 살았습니다.

 표현 check!

tonto/a 바보 같은 | quitar 없애다, 제거하다 | el medio 한 가운데, 중앙 | meter 넣다 | la cabeza 머리 | dentro de ~의 안에, 안으로 | empujar 밀다, 밀어젖히다 | cerrar 닫다 | enseguida 즉시, 곧 | liberar 해방시키다 | abrazarse 포옹하다, 부둥켜안다 | la alegría 환희, 기쁨, 즐거움 | estar a punto de ... 지금 막 ~하려던 참이다 | ocurrírsele (갑자기) 생각이 떠오르다 | echar un vistazo 한 번 보다, 힐끗 보다 | la sorpresa 놀라움 | la caja 상자 | lleno/a de ~로 가득 찬 | el bolsillo 주머니 | alegrarse 기뻐하다 | traer 가져오다 | la pobreza 가난한, 배고픔

마무리 학습

오늘 배운 내용을 완전히 내 것으로 만들어 봐요!

1 오늘의 동화 어휘 복습

각 단어의 알맞은 뜻을 찾아 이어주세요.

1. la bruja   •   •   a. 가두다

2. encerrar   •   •   b. 밀다, 찌르다

3. el horno   •   •   c. 마녀

4. engordar   •   •   d. 화덕, 오븐

5. empujar   •   •   e. 살찌다, 살이 오르다

2 표현 LEVEL UP!

동화 속 등장한 레벨업 표현들을 다시 한번 정리해 봅시다.

con malos modos	못 된 행실로
cuanto antes	되도록/ 가능한 빨리
estar a punto de	지금 막 ~하려던 참이다
ocurrírsele	(갑자기) 생각이 떠오르다
echar un vistazo	한번 보다, 힐끗 보다
¡Qué sorpresa!	아이고, 놀래라!

Tip

- con malos modos의 반의어는 con buenos modos이니 같이 익혀두세요.

- 되도록/가능한 빨리를 뜻하는 표현 cuanto antes는 lo antes posible / lo más pronto posible 등으로 대체할 수 있습니다!

- ocurrírsele가 본문에서는 se les ocurrió로 나왔는데, 일상 생활에서도 '나 뭔가 생각났어! 떠올랐어!' 라는 표현인 Se me ocurrió algo 라고 활용할 수 있겠죠! 여기서 se는 '무의지의 se' 이므로 형태가 변화하지 않지만 'me'는 간접 목적격 대명사로 인칭에 따라 바꿔 주셔야 합니다.

3 빈칸 QUIZ!

한국어 해설을 보고 빈칸에 알맞은 어휘를 넣어주세요.

¡OJO! 주어의 인칭 및 시제에 따른 동사변형 잊지 마세요.

> **1** 어린 그레텔은 그제야 노파가 못된 마녀였다는 것을 깨달았어요.
>
> La pequeña Gretel ⬜⬜ ⬜⬜ ⬜⬜ entonces ⬜⬜
>
> ⬜⬜ era una malvada bruja.

> **2** 둘은 서로 부둥켜 안았고 기쁨의 눈물을 흘렸어요.
>
> Los dos pequeños ⬜⬜ ⬜⬜ y lloraron de ⬜⬜.

> **3** 부모님은 무척 기뻐하셨고, 그들이 가지고 온 것으로 그들은 남은 삶을 행복하게 살았습니다.
>
> Sus padres se alegraron muchísimo y ⬜⬜ ⬜⬜ ⬜⬜
>
> traían vivieron el resto de sus días felices.

 QUIZ로 보는 오늘의 주요 문법 포인트

1 darse cuenta de (que)는 '깨닫다' 라는 표현이죠! 오늘의 동화 속 문장은 주어가 3인칭 단수이기 때문에, ' Se dio cuenta de que…'로 쓰였습니다.

'(내가) 깨달았다' = Me di cuenta de (que)… 이번 기회에 꼭 두 문장은 입에 붙여 보아요.

2 Se abrazaron의 se는 '상호/서로의 se' 입니다. 상호의 se는 복수주어에만 사용합니다.

> **Ej** Nos abrazamos 우리는 서로 껴안았다
>
> Os hablasteis 너희는 서로 말하였다
>
> Se saludaron 그들은 서로 인사하였다

3 'lo que + 문장'의 해석법은 '~한 것/ ~인 것' 입니다. 수 차례 등장한 문장들을 통해 이 표현을 눈에 익혔으니, 이제 작문에도 활용해 보세요!

정답 확인

1 1. c 2. a 3. d 4. e 5. b

3 1. se dio cuenta, de que   2. se abrazaron, alegría   3. con lo que

Sirenita

인어공주

16강
인어공주 ①

오늘의 줄거리

주요문장 'La pequeña sirena esperó ansiosa, imaginando cómo sería el mundo de allá arriba.'

준비 하기

오늘의 어휘
음성파일 청취 전, 오늘의 동화에 등장할 주요 어휘를 살펴보아요.

어휘	뜻	어휘	뜻
la sirena	인어	la superficie	표면, 수면
el rey del mar	용왕	rugir	굉음을 내다, 포효하다
la cola	꼬리	hundirse	가라앉다, 무너지다
ser humano	인간, 사람		

오늘의 동화

원어민 음성파일로 오늘의 동화를 들어보고 난 후 한 문장씩 읽어 보아요.

En las profundidades del mar,

깊은 바다 한 가운데,

había un reino hermoso en el que se encontraba el castillo del rey del mar.

용왕의 성채가 있는 아름다운 왕국이 하나 있었어요.

Él y sus seis hijas vivían felices en medio de tanta belleza.

용왕과 그의 딸들은 그러한 아름다움 속에서 행복하게 살았어요.

La más pequeña de ellas era la más especial.

용왕의 딸 중 막내 딸이 가장 특별했죠.

Su piel era blanca y suave, sus ojos eran grandes y azules,

그녀의 피부는 하얗고 부드러웠고, 눈은 크고 파랬어요.

pero como el resto de las sirenas, tenía cola de pez.

하지만 나머지 인어들처럼, 꼬리를 가지고 있었죠.

A la pequeña sirena le fascinaban las historias que su abuela contaba acerca de los seres humanos.

막내 인어는 할머니께서 인간들에 대해 들려주는 이야기들에 매료되곤 했어요.

La abuela le dijo que algún día conocería la superficie.

할머니는 그녀에게 언젠가는 육지를 알게 될 것이라고 말했어요.

표현 check!

las profundidades 심해, 깊은 곳 | el mar 바다 | el reino 왕국 | hermoso/a 아름다운 | en medio de ~가운데, 와중에 | tanto/a 그렇게(이렇게) 많은 | especial 특별한 | la piel 피부 | suave 감촉이 부드러운 | azul 푸른, 청색의 | el resto 나머지 | la cola 꼬리 | la pez 물고기 | fascinar 매혹시키다, 매료시키다 | la historia 역사, 이야기 | contar 이야기하다, 말하다 | acerca de ~에 관해서, 대해 | el ser humano 인간, 사람 | algún día 어느 날, 언제인가 | la superficie 표면, 수면

— Cuando cumplas quince años,

네가 15살이 되면,

podrás subir a la superficie y contemplar todo lo que hay allí.

육지로 올라가 거기 있는 모든 것을 둘러볼 수 있을 거야.

Hasta entonces está prohibido.

그때까진 올라가서는 안된단다.

La pequeña sirena esperó ansiosa, imaginando cómo sería el mundo de allá arriba.

막내 인어는 저 위의 세상은 어떨까 상상하며, 조바심 내며 기다렸어요.

Cada vez que una de sus hermanas cumplía los quince años,

언니들이 한 명씩 15살이 될 때마다,

ella escuchaba atentamente las cosas que contaban

막내 인어는 언니들이 이야기해주는 것들을 주의 깊게 듣곤 했어요.

y eso aumentaba sus ganas de subir a la superficie.

그리고 그 것이 육지로 올라가고자 하는 마음을 더 키우곤 했죠.

표현 check!

cumplir ... años ~살이 되다 | subir 올라가다 | contemplar 심사숙고하다, 둘러보다 | hasta entonces 그 때까지 | prohibido/a 금지된 | esperar 기다리다 | ansioso/a 안달이 난, 바라는 | imaginar 상상하다 | allá arriba 저 높이 | escuchar 듣다 | atentamente 주의 깊게 | aumentar 늘리다, 증가시키다 | la gana 욕망, 소망, 바람

cumplas: cumplir(+ años ~살이 되다) 동사의 접속법 현재 2인칭 단수

시간 접속사 cuando (~할 때, ~하면) 는 직설법, 접속법 모두와 함께 사용 가능합니다.
그 중, 본문의 내용처럼 cuando이하 절의 동사가 미경험·미래의 행위일 경우에는 접속법을 사용합니다.
'15살이 되면..' 즉, 15살이 되지 않았으니 'cumplir' 동사가 미경험의 상태인 것입니다.

Ej Llámame cuando llegues.
도착하면 전화 해.

Tras años de espera por fin cumplió quince años.

몇 해의 기다림이 지나 마침내 막내 인어는 15살이 되었죠.

La Sirena subió y se encontró con un gran barco en el que celebraban una fiesta.

인어공주는 육지로 올라갔고 큰 배를 맞닥뜨렸어요.거기에서는 파티가 열리고 있었죠.

Oía música y no pudo evitar asomarse por una de sus ventanas.

음악이 들려왔고 그래서 인어공주는 배의 창문 중 하나로 들여다보지 않을 수 없었어요.

Entre la gente distinguió a un joven apuesto, que resultó ser el príncipe.

사람들 사이에서 한 잘생긴 청년이 눈에 띄었고, 알고 보니 그는 왕자였던 것이예요.

Quedó fascinada por su belleza.

인어는 왕자의 아름다움에 매혹되었어요.

Estaba allí mirando cuando una tormenta cayó sobre ellos repentinamente.

그녀가 그 곳에서 바라보고 있었을 때, 갑자기 폭풍우가 그들을 덮쳤어요.

El mar comenzó a rugir con fuerza

바다는 격한 굉음을 내기 시작했고,

y el barco empezó a dar tumbos hasta que finalmente se hundió.

배는 요동치기 시작했고 마침내 잠겨 버렸어요.

표현 check!

tras ~뒤에, 후에 | la espera 기다림 | por fin 마침내, 결국 | encontrarse con 맞닥뜨리다 | el barco 배, 선박 | celebrar 축하하다, 개최하다 | la fiesta 파티, 축제 | evitar 피하다 | asomarse por ~로 들여다(내다) 보다 | distinguir 구별하다, 식별하다 | resultar ~의 결과로 되다, ~라는 것이 판명되다 | quedar + 형용사, 부사 ~의 상태로 되다 | la belleza 아름다움 | la tormenta 태풍, 폭풍우 | caer sobre ~을 덮치다, 습격하다 | repentinamente 갑자기, 별안간 | rugir 굉음을 내다, 포효하다 | con fuerza 세게, 격하게 | dar tumbos 요동치다, 휘청하다 | hundirse 가라앉다, 무너지다

마무리 학습

오늘 배운 내용을 완전히 내 것으로 만들어 봐요!

---

1 오늘의 동화 어휘 복습

각 단어의 알맞은 뜻을 찾아 이어주세요.

1. la sirena   •

2. la cola   •

3. la superficie   •

4. rugir   •

5. hundirse   •

    • a. 가라앉다, 무너지다

    • b. 굉음을 내다, 포효하다

    • c. 인어

    • d. 꼬리

    • e. 표면, 수면

2 표현 LEVEL UP!

동화 속 등장한 레벨업 표현들을 다시 한번 정리해 봅시다.

En las profundidades del mar,	깊은 바다 한 가운데
en medio de	~가운데, 와중에
a ... le fascina ...	~에 매료되다
acerca de	~에 대해서
hasta entonces	그 때까지
dar tumbos	요동치다, 휘청하다

• A ... le fascina...는 대표적인 역구조 동사 gustar와 같은 방식으로 사용해주시면 됩니다.

    Ej A mí me fascina ...

        A Isabel le fascina ...

• hasta entonces는 13강(빨간망토)에서 배웠던 desde entonces의 반의 표현이니 묶어서 기억해주세요!

3 빈칸 QUIZ!

한국어 해설을 보고 빈칸에 알맞은 어휘를 넣어주세요.

¡OJO! 주어의 인칭 및 시제에 따른 동사변형 잊지 마세요.

1 할머니는 그녀에게 언젠가는 육지를 알게 될 것이라고 말했어요.

La abuela le dijo que ⬜ ⬜ conocería la superficie.

2 네가 15살이 되면, 육지로 올라가 거기 있는 모든 것을 둘러볼 수 있을 거야.

Cuando cumplas quince años podrás subir a la superficie y contemplar

⬜ ⬜ ⬜ hay allí.

3 몇 해의 기다림이 지나 마침내 막내 인어는 15살이 되었죠.

⬜ ⬜ ⬜ ⬜ por fin cumplió quince años.

 QUIZ로 보는 오늘의 주요 문법 포인트

1 algún día는 '(미래의) 어느 날, 언젠가' 를 뜻합니다.

2 지난 시간에는 'lo que + 문장' 해석법을 살펴보았는데요, 조금 확장해서 'todo lo que + 문장'의 형태로 만들어주면 '~한 모든 것/ ~인 모든 것' 의 뜻이 됩니다.

3 tras años de espera의 tras는 después de로 대체하여 사용 가능합니다.

　+ 3 años de espera = 3년의 기다림

　+ (muchos) años de experiencia = 다년간의 경험

17강
인어공주 ❷

오늘의 줄거리

주요 문장 '**Pero un día se armó de valor y decidió visitar a la bruja del mar.**'

준비 하기

오늘의 어휘

음성파일 청취 전, 오늘의 동화에 등장할 주요 어휘를 살펴보아요.

어휘	뜻	어휘	뜻
la pierna	다리	convertirse en	~로 변하다, 바뀌다
la espuma	거품	nadar	헤엄치다, 수영하다
la poción	물약	rescatar	구해내다, 구출하다
el miedo	두려움, 걱정		

오늘의 동화

원어민 음성파일로 오늘의 동화를 들어보고 난 후 한 문장씩 읽어 보아요.

En medio del desastre, la Sirenita logró rescatar al príncipe y llevarlo sano y salvo hasta la playa.

이러한 난리 와중에, 인어 공주는 왕자를 구출해 내어 그를 무사히 해안가로 데려가는 데에 성공했어요.

Estando allí oyó a unas jóvenes que se acercaban,

그 곳에 있을 때, 가까워져 오는 젊은 여자들의 목소리를 들었어요.

y rápidamente nadó hacia el mar por miedo a que la vieran.

그리고는 그녀들이 자신을 볼까 두려운 나머지 재빨리 바다로 헤엄쳤죠.

A lo lejos vio cómo su príncipe se despertaba.

멀리서 인어공주는 왕자가 어떻게 깨어나는지 보았어요.

La Sirenita siguió subiendo a la superficie todos los días con la esperanza de ver a su príncipe.

인어공주는 왕자를 볼 거라는 희망을 품고 날마다 계속해서 육지로 올라갔어요.

Como nunca lo veía, cada vez regresaba más triste al fondo del mar.

그러나 그를 한 번도 보지 못했기 때문에, 인어공주는 매번 더 슬프게 바닷속으로 돌아가곤 했죠.

표현 check!

el desastre 재난, 난리 | rescatar 구해내다, 구출하다 | sano y salvo 무사히 | la playa 해변, 해안가 | el joven 젊은이, 청년 | acercarse 다가오다, 가까워지다 | rápidamente 곧, 즉시 | por miedo a ~을 두려워 하여, ~이 두려워 | a lo lejos 멀리에, 멀리서 | despertarse 깨어나다 | subir 올라가다 | la superficie 수면 | todos los días 매일 | con la esperanza de ~의 희망을 가지고 | nunca 결코, 한 번도 ~아니다 | triste 슬픔에 잠긴 | el fondo del mar 바닷속, 해저

>
> Tip
>
> **vieran**: ver(보다) 동사의 접속법 과거 3인칭 복수
>
> **por miedo a que la vieran**: 자신을 볼까 하는 두려움에
> que이하 절의 ver 동사는 실제 일어난 사건이 아니라, **미경험·미래**의 행위이기 때문에 접속법을 사용합니다.
> '자신을 볼까봐 두려워서...' 즉, 아직 보지는 않았으니 'ver' 동사가 미경험의 상태이겠죠?

Pero un día se armó de valor y decidió visitar a la bruja del mar

하지만 어느 날 인어공주는 용기를 내어 바다의 마녀를 찾아 가기로 결심했어요.

para que le ayudara a ser humana.

마녀가 그녀를 인간이 되도록 도와줄 수 있도록 말이예요.

Estaba tan enamorada que era capaz de pagar·a cambio cualquier precio, por alto que fuera.

그녀는 너무도 사랑에 빠져 있어서 그 아무리 높은 비용이라 할지라도, 어떤 값이든 치를 수 있었어요.

표현 check!

armarse de valor 용기를 내다 | visitar 만나러 가다, 방문하다 | la bruja 마녀 | enamorado/a 사랑에 빠진 | ser capaz de ~할 능력이 있다 | pagar cualquier precio 어떤 값이든 치르다

ayudara: ayudar(돕다) 동사의 접속법 과거 3인칭 단수

para que의 경우 para와 같은 의미 (~하기 위하여) 를 가지지만, para que는 '서로 다른 주어 두 가지'가 나올 경우 사용하는 접속사 입니다. [문장 1 para que 문장 2] 의 구조이죠. 이 때 para que 가 이끄는 문장2의 동사는 무조건 접속법입니다!

Ej Compro la ropa para que te la **pongas.*** *ponerse (입다)동사의 접속법 현재 2인칭 단수
나는 옷을 산다 / (너가) 그 옷을 입도록. (comprar의 주어 ≠ponerse의 주어)

fuera: ser(이다) 동사의 접속법 과거 3인칭 단수

por alto que fuera (el precio): 아무리 (가격/대가가) 높다고 할지 언정
'por (muy)+ 형용사 +que 주어+(접속법)동사'는 항상 접속법과 사용하는 양보구문입니다. (=아무리 '형용사' 할지 언정)

Ej Por muy caro que **sea*** el coche, lo compraré. *ser 동사의 접속법 현재 3인칭 단수
그 차가 아무리 비싸다고 할지 언정, 나는 그것을 살 것이다.

— Te prepararé tu poción y podrás tener dos piernecitas.

네 물약을 준비해 주겠어 그럼 너는 두 다리를 가질 수 있을 게야.

Pero a cambio ... Quiero tu don más preciado, ¡tu voz!

하지만 그 대신에... 나는 네 가장 귀중한 재능을 원해, 바로 네 목소리 말이야!

— ¿Mi voz? Pero si no hablo, ¿cómo voy a enamorar al príncipe?

제 목소리요? 하지만 제가 말을 안 하면, 어떻게 왕자를 사랑에 빠지게 하죠?

— Tendrás que apañarte sin ella. Si no, no hay trato.

목소리 없이 재주껏 해내야 할 것이야. 그렇지 않으면, 거래는 없어.

— Está bien.

알겠어요.

La malvada bruja le advirtió que si no conseguía casarse con el príncipe, moriría y se convertiría en espuma de mar.

못된 마녀는 인어공주에게 경고했어요. 만약 왕자와 결혼을 하지 못하게 되면, 죽어서 바다의 거품으로 변할 것이라고요.

La Sirenita, aunque tenía miedo, aceptó el trato.

인어공주는, 비록 겁이 났지만, 거래를 받아들였어요.

La Sirena se tomó la pócima y se despertó en la orilla de la playa al día siguiente.

인어 공주는 물약을 마셨고 그 다음 날 해변가에서 깨어났어요.

Su cola de sirena ya no estaba y en su lugar tenía dos piernas.

더 이상 인어의 꼬리는 없었고 그 대신에 두 다리를 갖고 있었죠.

표현 check!

a cambio 그 대가로, 그 대신 | el don 재능, 천성 | preciado/a 귀중한, 가치 있는 | la voz 목소리 | enamorar 구애하다, 사랑을 느끼게 하다 | apañarse ~하는데 숙달되다, 해결하다 | el trato 계약, 거래 | advertir 경고하다 | conseguir 달성하다, 성취하다 | casarse con ~와 결혼하다 | convertirse en ~로 변하다 | la espuma 거품 | aunque 비록 ~이지만 | tener miedo 겁나다, 겁먹다 | aceptar 받아들이다 | tomarse 먹다, 마셔 버리다 | la pócima 물약, 묘약 | la orilla de la playa 해변가 | la cola 꼬리 | la pierna 다리

마무리 하기!

마무리 학습

오늘 배운 내용을 완전히 내 것으로 만들어 봐요!

---

1 오늘의 동화 어휘 복습

각 단어의 알맞은 뜻을 찾아 이어주세요.

1. la pierna • • a. 두려움, 걱정

2. la espuma • • b. 다리

3. convertirse en • • c. 거품

4. el miedo • • d. ~로 변하다, 바뀌다

5. nadar • • e. 헤엄치다, 수영하다

2 표현 LEVEL UP!

동화 속 등장한 레벨업 표현들을 다시 한번 정리해 봅시다.

por miedo a	~을 두려워 하여, ~이 두려워
a lo lejos	멀리에, 멀리서
armarse de valor	용기를 내다
pagar cualquier precio	어떤 값이든 치르다
a cambio	그 대가로, 그 대신

- a lo lejos (멀리에, 멀리서)와 비슷한 의미를 가진 표현으로는 'a distancia' 가 있습니다.

- valor의 동의어 coraje라는 명사도 함께 기억해두세요.
  (단, coraje는 '화, 성냄'이라는 뜻도 가지고 있으니 유의하세요!)

③ 빈칸 QUIZ!

한국어 해설을 보고 빈칸에 알맞은 어휘를 넣어주세요.

¡OJO! 주어의 인칭 및 시제에 따른 동사변형 잊지 마세요.

① 인어 공주는 왕자를 구출해 내어 **무사히** 해안가로 데려갔어요.

La Sirenita logró rescatar al príncipe y llevarlo ▢▢▢▢▢ ▢▢▢▢▢

▢▢▢▢▢ hasta la playa.

② 마녀는 인어공주에게 왕자와 결혼을 하지 못하게 되면, 죽어서 바다의 거품으로 변할

것이라고 경고했어요.

Le advirtió que si no conseguía casarse con el príncipe, moriría y ▢▢▢▢▢

▢▢▢▢▢ ▢▢▢▢▢ espuma de mar.

③ 인어공주는, 비록 겁이 났지만, 거래를 받아들였어요.

La Sirenita, ▢▢▢▢▢ ▢▢▢▢▢ ▢▢▢▢▢, aceptó el trato.

 QUIZ로 보는 오늘의 주요 문법 포인트

① sano y salvo는 백설공주 (5강) 에도 등장한 표현입니다!

왕자가 백설공주에게 이렇게 말했었죠. "Tranquila, estás sana y salva"

② convertirse en은 '~로 바뀌다, 변하다' 라는 의미입니다. 이 동사 역시 '재귀의 se' 부분까

지 신경써서 동사 변화를 시켜줘야 합니다.

(현재완료) Me he convertido en/Te has convertido en/Se ha convertido en...

(단순과거) Me convertí en / Te convertiste en / Se *convirtió en .../ Se *convirtieron *변형 주의

③ ' ~에도 불구하고'라는 뜻을 가진 양보표현으로는 대표적으로 'aunque' 와 'a pesar de

(que)'가 있습니다.

정답 확인

① 1. b 2. c 3. d 4. a 5. e

③ 1. sano y salvo 2. se convertiría en 3. aunque tenía miedo

18강
인어공주 ❸

오늘의 줄거리

주요
문장 'La Sirena intentó contestar, pero no tenía voz.'

준비 하기

오늘의 어휘

음성파일 청취 전, 오늘의 동화에 등장할 주요 어휘를 살펴보아요.

어휘	뜻	어휘	뜻
la amistad	우정	la oportunidad	기회
anunciar	알리다, 통보하다	la lágrima	눈물
el cuchillo	칼, 나이프	la mejilla	뺨, 볼
silenciosamente	조용히, 살그머니		

오늘의 동화

원어민 음성파일로 오늘의 동화를 들어보고 난 후 한 문장씩 읽어 보아요.

El príncipe la encontró y le preguntó quién era y cómo había llegado hasta allí.

왕자는 그녀를 발견하고 누구이며 어떻게 거기까지 오게 되었냐고 물었어요.

La Sirena intentó contestar, pero no tenía voz.

인어공주는 대답하려 했으나 목소리가 나오질 않았어요.

A pesar de esto la llevó hasta su castillo y dejó que se quedara allí.

이럼에도 불구하고, 왕자는 인어공주를 성으로 데려가 거기에 머물도록 해줬어요.

Entre los dos surgió una bonita amistad y cada vez pasaban más tiempo juntos.

둘 사이에 아름다운 우정이 생겨났고, 갈수록 많은 시간을 함께 보냈어요.

Pasó el tiempo y el príncipe le anunció al día siguiente su boda con la hija del rey vecino.

시간이 흘러 왕자는 다음 날 이웃 왕국의 공주와의 결혼을 알려왔어요.

 표현 check!

encontrar 찾다, 발견하다 | llegar 도착하다, 닿다 | intentar 의도하다, 시도하다 | la voz 목소리 | a pesar de ~임에도 불구하고 | dejar ~하게 하다 (두다) | quedarse 머물다, 남다 | entre los dos 두 사람 사이에 | surgir 나타나다, 출현하다 | la amistad 우정 | cada vez más 갈수록 | juntos 함께 | anunciar 알리다, 통보하다 | al día siguiente 다음 날 | la boda 결혼식 | vecino/a 이웃의, 가까운

 Tip

> **quedara:** quedar(se)(머물다) 동사의 접속법 과거 3인칭 단수
>
> dejar 동사가 [A dejar que B +접속법] 즉, [A가 B를 ~하게 하다, ~하도록 두다] 의 구조로 사용되면, que 이하의 절에 오는 동사는 접속법으로 써줘야 합니다.
> El príncipe dejó que se **quedara** allí.
> 왕자(A)는 인어공주(B) 가 ~(quedarse) 하도록 해주었다. 두었다 (dejar) 의 구조 입니다.

La pobre Sirena se llenó de tristeza al oír sus palabras, pero a pesar de eso deseó su felicidad.

가엾은 인어공주는 그의 말을 듣고 슬픔에 가득 찼어요, 하지만 그럼에도 불구하고 그의 행복을 빌어줬죠.

Ella sabía que esa sería su última noche, ya que tal y como le había advertido la bruja,

그녀는 그것이 마지막 밤일 거란 걸 알았어요. 왜냐하면, 마녀가 그녀에게 경고했던 것처럼,

se convertiría en espuma de mar al alba.

그녀는 동이 틀 무렵 바다의 거품으로 변할 거였으니까요.

A punto de amanecer, mientras contemplaba triste el horizonte, aparecieron sus hermanas con un cuchillo.

동이 트기 바로 직전, 인어공주가 슬프게 수평선을 바라보고 있을 때, 인어공주의 언니들이 칼 한 자루와 함께 나타났어요.

Era un cuchillo mágico que les había dado la bruja a cambio de sus cabellos.

그건 마녀가 언니들의 머리카락과 바꾸어 준 마법 칼이었어요.

Si la Sirenita lograba matar al príncipe con el cuchillo, podría volver a convertirse en sirena.

만약 인어공주가 왕자를 칼로 죽이게 된다면, 다시 인어가 될 수 있는 것이죠.

La Sirenita se acercó silenciosamente al príncipe, que estaba durmiendo

인어 공주는 잠 자고 있던 왕자에게 조용히 다가갔어요.

 표현 check!

llenarse de tristeza 슬픔으로 가득 차다 | la palabra 말, 단어 | desear 원하다, 바라다 | la felicidad 행복 | último/a 마지막의 | tal y como ~한 대로 | advertir 경고하다, 주의하다 | convertirse en ~로 바뀌다, 변하다 | al alba 동이 틀 무렵 | a punto de 막 ~하려던 찰나에 | amanecer 날이 새다, 동이 트다 | mientras ~하는 사이에, 동안 | contemplar 바라보다, 응시하다 | el horizonte 지평선, 수평선 | el cuchillo 칼, 나이프 | mágico/a 마법의 | a cambio de ~의 대신에, 교환하여 | el cabello 머리카락 | lograr + 동사원형 ~하기에 이르다 | matar 죽이다 | convertirse en ~로 되다, 바뀌다 | silenciosamente 조용히, 살그머니

y levantó el cuchillo ... pero era incapaz de acabar con él,

그리고는 칼을 들어올렸어요... 그러나 차마 그를 죽일 수가 없었죠.

aunque esta fuera su única oportunidad de seguir viva.

이게 그녀가 살 수 있는 유일한 기회라고 해도 말이예요.

De modo que se lanzó al mar y comenzó a convertirse en espuma.

그래서 그녀는 바다로 뛰어 들었고 거품으로 변하기 시작했어요.

Mientras, vio cómo el príncipe la buscaba en el barco.

그녀가 거품으로 변해가는 동안, 왕자가 어떻게 배에서 자신을 찾고 있는지를 보았죠.

Y en la distancia permaneció contemplándolo

멀리서, 인어공주는 계속해서 그를 바라보았어요.

mientras una lágrima brotaba por su mejilla.

그 때 그녀의 뺨을 따라 눈물이 주르륵 흘렀답니다.

 표현 check!

levantar 올리다, 높이다 | incapaz de ~할 수 없는, 불가능한 | acabar con ~를 끝내 버리다, 죽이다 | único/a 유일한 | la oportunidad 기회 | de modo que 그래서, 그 때문에 | lanzarse 뛰어들다, 돌진하다 | la espuma 거품 | mientras 그러는 사이에, ~하는 동안 | buscar 찾다 | el barco 배 | en la distancia 멀리(에서) | permanecer 그대로 ~한 채로 있다 | contemplar 바라보다, 응시하다 | la lágrima 눈물 | brotar 펑펑 나오다, 흘러나오다

> **sea:** ser(~이다) 동사의 접속법 과거 3인칭 단수
> ──────────────────────────────────
> aunque 접속사 뒤에는 직설법과 접속법, 모두 나올 수 있습니다.
> 접속사 aunque + 직설법 : ~이지만 → 사실의 양보
> 접속사 aunque + 접속법: (설령) ~일지라도, ~라고 하더라도 → 가정의 양보 (사실의 무시/외면)
>
> • 9강(미녀와야수)의 문법 포인트와 연결하여 학습해보세요!

마무리 학습

오늘 배운 내용을 완전히 내 것으로 만들어 봐요!

---

1 오늘의 동화 어휘 복습

각 단어의 알맞은 뜻을 찾아 이어주세요.

1. la amistad   ●   ● **a.** 눈물

2. anunciar   ●   ● **b.** 우정

3. la oportunidad   ●   ● **c.** 알리다, 통보하다

4. la lágrima   ●   ● **d.** 기회

5. la mejilla   ●   ● **e.** 뺨, 볼

---

2 표현 LEVEL UP!

동화 속 등장한 레벨업 표현들을 다시 한번 정리해 봅시다.

entre los dos	두 사람 사이에
llenarse de tristeza	슬픔으로 가득차다
tal y como	~한 대로
a punto de	막 ~하려던 찰나에
acabar con	~를 끝내 버리다, 죽이다
en la distancia	멀리 (에) 서

- tal y como + 문장 = ~한대로
  Ej tal y como me dijeron 그들이 내게 말한대로

- 지금까지 배운 acabar 동사의 활용 복습!
- acabar con: 끝내 버리다, 근절하다, 죽이다 (18강 인어공주 中, Era incapaz de acabar con él.)
- acabar de + 동사원형: 막~하다 (9강 미녀와 야수 中, Un barco con mercancías suyas acababa de llegar.)
- acabar + 현재분사: 결국~하게 되다 (1강 아기돼지 中, La débil casa acabó viniéndose abajo.)

③ 빈칸 QUIZ!

한국어 해설을 보고 빈칸에 알맞은 어휘를 넣어주세요.

¡OJO! 주어의 인칭 및 시제에 따른 동사변형 잊지 마세요.

> **①** 인어공주는 대답하려 했으나 목소리가 나오질 않았어요.
>
> La Sirena intentó contestar, pero _____ _____ _____ .
>
> **②** 그건 마녀가 언니들의 머리카락을 대가로 언니들에게 줬던 마법 칼이었어요.
>
> Era un cuchillo mágico que _____ había dado la bruja a cambio de
>
> _____ cabellos.
>
> **③** 인어 공주는 잠 자고 있는 왕자에게 조용히 다가갔어요.
>
> La Sirenita _____ _____ _____ al príncipe, que estaba
>
> durmiendo.

 QUIZ로 보는 오늘의 주요 문법 포인트

① No tengo voz는 문맥에 따라 '나 목소리가 안나와' '목이 쉬었어!' 의 뜻으로 사용 가능합니다.

② [간접목적격 대명사] me / te / le / nos / os / les
3인칭 복수 주어의 경우 그 대상의 성별에 관계없이 les (그들/그녀들/당신들)로 사용합니다.
[소유 형용사] 3인칭 단·복수의 소유 형용사는 su 혹은 sus로 사용합니다. 수식 받는 명사가
단수일 때는 su, 복수일 때는 sus 기억해 주세요!

③ acercarse동사도 인칭에 맞게 재귀대명사 se를 변형시켜주어야 하고, 전치사 a가 함께 나
온다는 점 잊지 마세요!
(단순과거) me acerqué a / te acercaste a / se acercó a ...

La pequeña cerillera

성냥팔이 소녀

19강
성냥팔이 소녀 ①

오늘의 줄거리

주요 문장 "¡Cerillas, cerillas!
¿No quiere una cajita de cerillas, señora?"

준비 하기

오늘의 어휘

음성파일 청취 전, 오늘의 동화에 등장할 주요 어휘를 살펴보아요.

어휘	뜻	어휘	뜻
la nochevieja	12월 31일 밤	enrojecido/a	빨개진, 붉어진
descalzo/a	맨발의	la llama	불꽃
la cerilla	성냥	apagar ↔ encender	끄다 ↔ 켜다
congelado/a	꽁꽁 언		

오늘의 동화

원어민 음성파일로 오늘의 동화를 들어보고 난 후 한 문장씩 읽어 보아요.

Una nochevieja, mientras todas las familias

12월 31일 밤, 모든 가족들이

se preparaban para sentarse a la mesa llena de ricos manjares,

진수성찬으로 차려진 테이블에 앉으려 준비할 때,

en la calle estaba descalza ella: la joven vendedora de cerillas.

거리에는 맨발의 그녀가 있었죠. 성냥팔이 소녀 말이예요.

La pobre llevaba el día entero en la calle,

가엾은 소녀는 온 종일 길거리에서 지냈고,

sus huesecitos estaban congelados por culpa de la nieve,

소녀는 눈 때문에 뼛속까지 꽁꽁 얼어붙었죠.

y lo peor de todo es que no había conseguido ni una sola moneda.

그 중에서도 가장 최악인 건, 그녀가 단 한 푼조차도 벌지 못했다는 것이었죠.

— ¡Cerillas, cerillas! ¿No quiere una cajita de cerillas, señora?

성냥이요, 성냥이요! 아주머니 성냥 한 갑 안 사시겠어요?

표현 check!

la familia 가족 | prepararse para ~ 할 준비를 하다 | sentarse 앉다 | lleno/a de ~로 가득한 | el manjar 진수성찬, 요리 | la calle 길, 거리 | descalzo/a 맨발의 | el vendedor 파는 사람 | la cerilla 성냥 | llevar 지내다, 가지고 가다 | el día entero 온종일 | el hueso 뼈 | congelado/a 꽁꽁 언 | por culpa de ~때문에, 탓으로 | la nieve 눈 | conseguir 얻다, 달성하다 | peor 더 나쁜 | ni un(a) solo/a + 명사 단 하나의 ~조차도 | la caja 상자, 박스

Pero la mayoría pasaban por su lado sin tan siquiera mirarla.

하지만 대부분은 소녀를 쳐다보지도 않은 채 그녀 곁을 지나쳤어요.

Cansada, se sentó en un rincón de la calle para protegerse del frío.

지친 소녀는, 추위로부터 몸을 보호하기 위해 길 모퉁이에 앉았어요.

Tenía las manos enrojecidas y casi no podía ni moverlas.

그녀의 손은 빨개져서 거의 움직일 수 조차도 없었어요.

Entonces recordó que tenía el delantal lleno de cerillas

그 때 그녀는 자신의 앞치마에 성냥이 가득하다는 것을 생각해 냈어요

y pensó que tal vez podía encender una para tratar de calentarse.

그리고는 어쩌면 성냥 하나를 켜 몸을 따뜻하게 해 볼 수 있겠다는 생각을 했죠.

La encendió con cuidado

소녀는 살며시 성냥을 켰어요

y observó la preciosa llama que surgió delante de sus ojos.

그리고 자신의 눈 앞에 나타난 아름다운 불꽃을 바라보았어요.

표현 check!

la mayoría 대다수, 대부분 | pasar 지나가다 통과하다 | el lado 옆, 곁, 측면 | siquiera (부정의 강조) ...조차도 아니다 | mirar 보다 | cansado/a 피곤한, 지친 | sentarse 앉다 | el rincón 구석, 귀퉁이 | protegerse 보호하다, 지키다 | la mano 손 | enrojecido/a 빨개진 | ni ~(조차)도 아니다 | mover 움직이다 | recordar 생각해 내다, 기억하다 | el delantal 앞치마 | tal vez 어쩌면, 아마 | encender 불을 붙이다 | tratar de + 동사원형 ~하려고 애쓰다, 노력하다 | calentarse 몸을 따뜻하게 하다 | con cuidado 살며시 | observar 관찰하다, 관측하다 | precioso/a 소중한, 아름다운 | la llama 불꽃 | surgir 나타나다, 발생하다 | delante de ~의 앞에

De repente apareció en el salón de una casa

그 때 갑자기 소녀가 한 집의 거실에 등장했어요.

en el que había una gran chimenea que desprendía mucho calor.

거기에는 엄청나게 따뜻한 열기를 내뿜는 커다란 벽난로가 있었죠.

—¡Estoy muy bien aquí! — murmuró.

"여기 참 좋다" 그녀가 중얼거렸어요.

Pero la cerilla se apagó rápido y la chimenea desapareció con ella.

하지만 성냥은 빠르게 꺼졌고 벽난로는 성냥과 함께 사라졌어요.

— Probaré con otra — pensó la niña.

'다른 거로 해볼래'라고 소녀는 생각했어요.

Esta vez vio delante de ella una gran mesa llena de comida

이번에는 그녀 앞에 음식으로 가득 찬 큰 테이블이 있는 것을 보았어요

y recordó los días que llevaba sin comer.

그리고 아무것도 먹지 못한 지난 날들을 떠올렸어요.

Alargó la mano hasta la mesa para tratar de llevarse algo a la boca y ... ¡zas!

소녀는 뭔가를 그녀의 입에 가져가 보기 위해 테이블로 손을 뻗었죠...그리고는 휙!

Se apagó la cerilla.

성냥이 꺼져버렸어요.

표현 check!

de repente 갑자기 | aparecer 나타나다 | el salón 거실 | la chimenea 굴뚝, 벽난로 | desprender 발하다, 내다 | el calor 따뜻함, 열기 | aquí 여기 | murmurar 중얼거리다 | apagarse 꺼지다 | rápido/a 빠른, 빨리 | desaparecer 사라지다 | probar 시도해 보다 | otro/a 다른 것 | esta vez 이번 (에는) | recordar 기억하다, 생각나다 | llevar 지내다, 가지고 있다 | alargar la mano 손을 뻗치다, 내밀다 | la boca 입

마무리 하기!

마무리 학습

오늘 배운 내용을 완전히 내 것으로 만들어 봐요!

---

1 오늘의 동화 어휘 복습

각 단어의 알맞은 뜻을 찾아 이어주세요.

1. descalzo/a • • a. 꽁꽁 언

2. la cerilla • • b. 맨발의

3. congelado/a • • c. 성냥

4. enrojecido/a • • d. 불꽃

5. la llama • • e. 빨개진, 붉어진

2 표현 LEVEL UP!

동화 속 등장한 레벨업 표현들을 다시 한번 정리해 봅시다.

el día entero	온종일
por culpa de ...	~때문에, 탓으로
ni una sola moneda	단 한 푼의 동전도
sin tan siquiera	~조차도 없이
un rincón de	~의 귀퉁이, 모서리
alargar la mano	손을 뻗치다, 내밀다

Tip

'ni un(a) solo(a) +명사' 표현을 통해 '단~ 조차도'라는 뜻의 강조 표현을 나타낼 수 있습니다.

Ej ni un solo euro 단 1유로 조차도
ni un solo minuto 단 1분 조차도

꼭 기억해 두었다 작문이나 회화에서 활용해보세요!

3 빈칸 QUIZ!

한국어 해설을 보고 빈칸에 알맞은 어휘를 넣어주세요.

¡OJO! 주어의 인칭 및 시제에 따른 동사변형 잊지 마세요.

> **1** 눈으로 인해 소녀는 뼛속까지 꽁꽁 얼어붙었어요.
>
> Sus huesecitos ＿＿＿＿ ＿＿＿＿ por culpa de la nieve.
>
> **2** 지친 소녀, 추위로부터 몸을 보호하기 위해 길 모퉁이에 앉았어요.
>
> ＿＿＿＿, ＿＿＿ en un rincón de la calle para protegerse
>
> del frío.
>
> **3** 그녀는 어쩌면 성냥 하나를 켜 몸을 따뜻하게 해 볼 수 있겠다는 생각을 했죠.
>
> Pensó que ＿＿＿ ＿＿＿ podía encender una para tratar de
>
> calentarse.

 QUIZ로 보는 오늘의 주요 문법 포인트

1 congelado/a는 '냉동의' 라는 뜻도 되지만 이렇게 온 몸이 얼어붙었다 는 표현으로도 사용
가능해요.

2 'Cansado/a ..., 주어+동사'
이렇게 형용사 혹은 분사로 문장이 시작되고 콤마(,) 가 온 후 다시 주어+ 동사 문장이 온다
면 '주어' 의 현재 상태를 나타낸다고 할 수 있습니다.
'~한 채로, ~하여...' 등 문맥에 맞게 해석해주시면 됩니다.

3 tal vez의 유의어로 quizás, a lo mejor 등도 함께 기억해 주세요!

20강
성냥팔이 소녀 ❷

오늘의 줄거리

주요
문장 **"No te vayas por favor, déjame que me vaya contigo."**

준비 하기

오늘의 어휘
음성파일 청취 전, 오늘의 동화에 등장할 주요 어휘를 살펴보아요.

어휘	뜻	어휘	뜻
Navidad	크리스마스	helado/a	언, 매우 추운
agotar	써서 없애다, 고갈하다	la sonrisa	미소, 웃는 얼굴
dulcemente	부드럽게, 다정하게	inmenso/a	매우 큰, 한없는
inmóvil	부동의, 움직이지 않는		

동화 속으로!

오늘의 동화

원어민 음성파일로 오늘의 동화를 들어보고 난 후 한 문장씩 읽어 보아요.

Como las cosas que veía cada vez eran más bonitas,

소녀가 보던 것들이 갈수록 더 아름다웠기 때문에

decidió encender otra cerilla más.

다른 성냥을 더 켜기로 결심했어요.

— ¡Oooohhh! — exclamó la niña con la boca abierta.

우와~! 소녀는 입이 떡 벌어져 외쳤어요.

— Qué árbol de Navidad tan grande, y cuántas luces ... ¡es precioso!

정말 큰 크리스마스 나무다. 불빛도 정말 많고... 근사한걸!

Se acercó a una de ellas para verla bien y de golpe desapareció todo.

소녀는 더 잘 보기 위해 반짝거리는 불빛 쪽으로 다가섰고, 갑자기 모든 것이 사라졌어요.

Rápidamente buscó una nueva cerilla y volvió a encenderla.

소녀는 재빨리 새 성냥을 찾아서 다시 켜 보았어요.

En esa ocasión apareció ante ella la persona a la que más había querido en el mundo

이번에는 그녀 앞에 그녀가 세상에서 제일 사랑했던 사람이 나타났어요.

표현 check!

la cosa 것, 사물 | bonito/a 예쁜, 아름다운 | decidir 결심하다 | encender 불을 붙이다 | exclamar 외치다, 소리지르다 | con la boca abierta 입을 딱 벌리고, 놀라 | el árbol 나무 | cuánto/a 얼마나, 얼마만큼 | precioso/a 소중한, 귀중한, 근사한 | de golpe 갑자기 | desaparecer 사라지다 | todo 모든 것 | rápidamente 재빨리, 즉시 | buscar 찾다 | volver a + 동사원형 다시 ~하다 | la ocasión 경우, 때, 기회 | ante ~앞에 | la persona 사람 | querer 좋아하다, 사랑하다

: era su abuela.

소녀의 할머니였죠.

— ¡Abuelita! ¡Qué ganas tenía de verte! ¿Qué haces aquí?

할머니! 얼마나 보고싶었다고요! 여기서 뭐 하세요?

No te vayas por favor, déjame que me vaya contigo. Te echo de menos ...

제발 가지 말아 주세요, 할머니와 함께 가게 해주세요. 할머니 보고싶어요...

Y, consciente de que la cerilla que tenía en su pequeña mano estaba a punto de apagarse,

그리고, 자신의 작은 손에 있는 성냥이 막 꺼지려 한다는 것을 알고는,

la pequeña siguió encendiendo cerillas hasta que agotó todas las que le quedaban.

소녀는 계속해서 성냥에 불을 붙였고 결국 남아 있던 모든 성냥들을 다 써버렸죠.

 표현 check!

tener ganas de 원하다, ~하고 싶어하다 | **echar de menos** 보고싶다, 그립다 | **consciente de** ~을 자각한, 의식적인 | **estar a punto de** 막 ~하려던 참이다 | **agotar** 고갈되다, 바닥이 나다 | **quedar** 남 아 있다

vaya: ir(se)(가다, 가버리다) 동사의 접속법 현재 1인칭 단수 (yo) 형

dejar 동사가 [A dejar que B +접속법] 즉, [A가 B를 ~하게 하다, ~하도록 두다]의 구조로 사용되면, que 이하의 절에 오는 동사는 접속법으로 써줘야 합니다.

• 18강(인어공주) 의 문법 포인트와 연결하여 학습해보세요!

→ El príncipe dejó que se **quedara** allí.

+ 'Déjame + 동사원형' = '나를 ~하게 해줘' 라는 표현도 함께 익혀두세요!

En ese momento, la abuela cogió dulcemente a la niña de la mano

그 순간, 할머니는 다정하게 소녀의 손을 잡았고

y ambas desaparecieron felices.

둘은 행복한 모습으로 사라졌어요.

La pequeña dejó de sentir frío y hambre y empezó a sentir una enorme felicidad dentro de sí.

소녀는 더 이상 추위와 배고픔을 느끼지 않았고, 마음속에서 커다란 행복감을 느끼기 시작했어요.

A la mañana siguiente alguien la encontró allí, rodeada de cerillas apagadas, inmóvil,

다음날 아침 누군가 거기에서 그녀를 발견했어요. 불 꺼진 성냥에 둘러싸여, 미동이 없었고

helada por culpa del frío, pero con una sonrisa inmensa en su cara.

추위로 인해 꽁꽁 얼어붙은 상태였지만, 그녀의 얼굴에는 커다란 미소가 가득했어요.

— ¡Pobrecita! — exclamó al verla.

"가여워라" 그녀를 본 사람은 이렇게 외쳤어요.

Pero lo que no sabía nadie es que

하지만 아무도 몰랐던 것은

la pequeña se marchó feliz, de la mano de su abuelita, hacia un lugar mejor.

소녀는 행복하게, 할머니의 손에 이끌려, 더 나은 곳을 향해 떠났다는 것이었답니다.

표현 check!

en ese momento 그 때 | coger de la mano 손을 잡다 | dulcemente 부드럽게, 다정하게 | ambos 두 사람 | desaparecer 사라지다 | dejar de + 동사원형 ~하는 것을 그만두다 | enorme 거대한, 막대한 | dentro de sí 마음 속에, 내적으로 | apagado/a 꺼진 | inmóvil 움직이지 않는 | rodeado/a de ~로 둘러싸인 | por culpa de ~때문에, 탓으로 | la sonrisa 미소 | inmenso/a 매우 큰 | exclamar 외치다, 소리지르다 | nadie 아무도 | marcharse 떠나다, 향하다 | de la mano 손으로 잡고 | hacia ~쪽으로 | el lugar 곳, 장소

마무리 학습

오늘 배운 내용을 완전히 내 것으로 만들어 봐요!

---

1 오늘의 동화 어휘 복습

각 단어의 알맞은 뜻을 찾아 이어주세요.

1. Navidad •　　　　　　　• a. 크리스마스

2. agotar •　　　　　　　• b. 부동의, 움직이지 않는

3. inmóvil •　　　　　　　• c. 언, 매우 추운

4. helado/a •　　　　　　　• d. 미소, 웃는 얼굴

5. la sonrisa •　　　　　　　• e. 써서 없애다,
　　　　　　　　　　　　　　　　고갈하다

2 표현 LEVEL UP!

동화 속 등장한 레벨업 표현들을 다시 한번 정리해 봅시다.

tener ganas de	원하다, ~하고 싶어하다
No te vayas	가지 마
echar de menos	보고싶다, 그립다
coger de la mano	손을 잡다
dejar de + 동사원형	~하는 것을 그만두다
rodeado/a de	~로 둘러싸인

- tener ganas de 표현은 '나~하고 싶어' 의 뜻으로 유용하게 활용할 수 있습니다. 작문, 회화에 꼭! 활용해보세요.

  Ej Tengo ganas de tomar café.
  　　나 커피 마시고 싶어.

- echar de menos 표현을 오랫동안 만나지 못한 스페인/ 중남미 친구들에게 한번 사용해보세요.

  Ej Te echo de menos. 나 너가 그리워.
  　　Te echamos de menos. 우리는 너가 그리워.

3 **빈칸 QUIZ!**

한국어 해설을 보고 빈칸에 알맞은 어휘를 넣어주세요.

¡OJO! 주어의 인칭 및 시제에 따른 동사변형 잊지 마세요.

1 우와~! 소녀는 입이 떡 벌어져 외쳤어요.

— ¡Oooohhh! — exclamó la niña ⬚ ⬚ ⬚ ⬚ .

2 소녀의 작은 손에 있는 성냥이 막 꺼지려 했어요.

La cerilla que tenía en su pequeña mano estaba ⬚ ⬚

⬚ apagarse.

3 하지만 아무도 몰랐던 것은 소녀는 행복하게 더 나은 곳을 향해 떠났다는 것이었답니다.

Pero lo que ⬚ ⬚ ⬚ es que la pequeña se

marchó feliz hacia un lugar mejor.

 QUIZ로 보는 오늘의 주요 문법 포인트

1 con la boca abierta 표현은 백설공주(4강) 때도 등장했던 표현이죠.

Se quedaron con la boca abierta al ver a una muchacha tan bella.

'입이 떡벌어져..' 의 표현, 오늘 확실히 정리하고 가세요!

2 estar a punto de 표현은 일상생활에서 정말 많이 사용하니 꼭 익혀 두세요.

Ej Estoy a punto de salir de casa.

　　나 지금 막 집에서 나가려던 참이야.

3 'lo que no sabía nadie...' 문장의 주어는 nadie입니다. 스페인어에서는 이렇게 주어를 뒤로 빼주는 경우가 많습니다. nadie 는 3인칭 단수로 취급합니다.

- lo que + 문장 = ~한 것/ ~인 것

정답 확인

1 1. a 2. e 3. b 4. c 5. d

3 1. con la boca abierta 2. a punto de 3. no sabía nadie

Rapunzel

라푼젤

21강
라푼젤 ①

오늘의 줄거리

주요
문장 **"¡Rapunzel, deja caer tus cabellos!"**

준비 하기

오늘의 어휘
음성파일 청취 전, 오늘의 동화에 등장할 주요 어휘를 살펴보아요.

어휘	뜻	어휘	뜻
el jardín	정원	la ventana	창문
arriesgarse	위험을 무릅쓰다	descolgar	내리다, 떨어지게 하다
encerrar	가두다	el cabello	머리카락
la torre	탑		

오늘의 동화

원어민 음성파일로 오늘의 동화를 들어보고 난 후 한 문장씩 읽어 보아요.

Un día una mujer se fijó en los ruiponces que había plantados en el jardín de una malvada bruja.

어느 날 한 여자가 못된 마녀의 정원에 심어져 있던 라푼젤 꽃에 시선이 쏠렸어요.

Cuando volvió a casa le dijo a su marido:

집에 돌아왔을 때 그녀는 자신의 남편에게 말했어요.

— ¡Moriré si no pruebo los ruiponces del jardín de la bruja!

마녀의 정원에 있는 라푼젤 꽃을 먹어 보지 못한다면 죽을 거예요!

Como su marido la quería mucho, decidió arriesgarse y llevárselos.

그녀의 남편은 그녀를 매우 사랑했기 때문에, 위험을 무릅쓰고 그녀에게 꽃을 가져다 주기로 결심했죠.

Volvió a casa con las flores, pero su mujer siempre le pedía más, hasta que finalmente la bruja lo vio.

그는 꽃을 가지고 집으로 돌아왔지만, 그의 아내는 계속해서 더 부탁 했고, 결국에는 마녀가 그를 보게 되었죠.

Y la bruja le obligó a cumplir un trato para dejarlo marchar.

마녀는 그를 떠나게 해주는 대신 하나의 계약을 지키라고 강요했어요.

— Tendrás que entregarme a tu primer hijo cuando nazca.

네 첫 아이가 태어나면 나에게 넘겨야 할 것이야.

 표현 check!

fijarse en ~에 주목하다, 시선을 쏟다 | los ruiponces 라푼젤 꽃(열매) | plantado/a 심어진 | el jardín 정원 | morir 죽다 | probar 먹어보다, 시도해보다 | el marido 남편 | arriesgarse 위험을 무릅쓰다 | llevar 가지고 가다 | la mujer 여자, 아내 | pedir 부탁하다, 요구하다 | finalmente 드디어, 마침내 | obligar a + 동사원형 ~하도록 강요하다 | cumplir 이행하다, 달성하다 | el trato 거래, 계약 | marchar 가다, 떠나다

> **nazca:** nacer(태어나다, 탄생하다) 동사의 접속법 현재 3인칭 단수
>
> 시간 접속사 cuando (~할 때, ~하면) 는 직설법, 접속법 모두와 함께 사용 가능합니다.
> 그 중, 본문의 내용처럼 cuando이하 절의 동사가 **미경험 · 미래**의 행위일 경우에는 접속법을 사용합니다.
> '첫 아이가 태어나면...' 즉, 아직 태어나지 않았으니 'nacer' 동사가 미경험의 상태인 것입니다.

Pasado un tiempo la mujer dio a luz a una hermosa niña,

시간이 흘러 여자는 아름다운 여자 아이 하나를 낳게 되었어요.

a la que llamaron Rapunzel.

라푼젤이라고 불렸죠.

Cuando la niña cumplió doce años la bruja la encerró en una torre

소녀가 12살이 되었을 때 마녀는 그녀를 탑에 가두었어요.

en la que tan sólo había una pequeña ventana para entrar.

거기에는 고작 들어갈 수 있는 창문 하나만 있었답니다.

Por lo que cuando la bruja quería subir, gritaba:

그래서 마녀가 올라가고 싶을 때, 소리치곤 했어요.

—¡Rapunzel, deja caer tus cabellos!

"라푼젤 머리카락을 내리도록 하여라!"

Y la joven descolgaba sus largos cabellos para que la bruja trepase por ellos.

라푼젤은 마녀가 머리카락을 타고 기어오를 수 있도록 긴 머리카락을 조금씩 내렸어요.

 표현 check!

entregar 건네다, 주다 | primer(o) 첫째의, 처음의 | el hijo 아들,자식 | dar a luz 출산하다, 낳다 |
hermoso/a 아름다운 | llamar 부르다 | cumplir 만 ~살이 되다 | encerrar 가두다 | la torre 탑 tan
sólo 오직, 고작 | la ventana 창문 | entrar 들어가다 | por lo que 그래서 | subir 올라가다, 오르다 |
gritar 소리치다, 외치다 | caer 떨어지다, 아래로 늘어지다 | el cabello 머리카락 | descolgar 조금씩
내리다 | largo/a 긴 | trepar 기어오르다

trepase: trepar (기어오르다) 동사의 접속법 과거 3인칭 단수

para que의 경우 para와 같은 의미 (~하기 위하여) 를 가지지만 para que는 서로 다른 주어 2개가 나올 경우 사
용하는 접속사 입니다. [문장 1 para que 문장 2] 의 구조이죠. 이 때 para que 가 이끄는 문장2의 동사는 무조
건 접속법입니다!

• 17강(인어공주)의 문법 포인트와 연결하여 학습해보세요!
- decidió visitar a la bruja del mar **para que** le **ayudara** a ser humana.

Un día, la joven estaba cantando, cuando un príncipe que pasaba por allí la oyó.

어느 날, 라푼젤은 노래를 부르고 있었어요. 그 때 거기를 지나고 있던 왕자 하나가 그녀의 목소리를 들었죠.

Quedó conmovido por su voz, pero no logró saber de dónde venía.

그는 그녀의 목소리에 감동을 받았지만, 어디로부터 오는 것인지는 알아 내지 못했죠.

Volvió todos los días al bosque en busca de esa delicada melodía

왕자는 그 다정한 선율을 찾아 매일 숲으로 돌아갔어요.

cuando vio a la bruja que se acercaba a la torre y llamaba a Rapunzel para que le lanzara sus cabellos.

그 때 그는, 탑으로 다가가서 라푼젤을 부르고 그녀의 머리카락을 던지도록 하는 마녀를 보았어요.

Por lo que cuando la bruja no estaba el príncipe hizo lo mismo:

그래서 마녀가 없을 때 왕자는 똑같이 행동 했어요.

— ¡Rapunzel, deja caer tus cabellos!

"라푼젤, 너의 머리카락을 내려다오!"

Y Rapunzel descolgó por la ventana su larga trenza.

그리고 라푼젤은 창문으로 자신의 긴 머리를 내렸어요.

 표현 check!

cantar 노래 부르다 | el príncipe 왕자 | pasar 지나다, 지나가다 | oír 듣다 | conmovido/a 감동받은 | la voz 목소리 | lograr 달성하다, 성취하다 | todos los días 매일 | en busca de ~를 찾아, ~을 얻으려고 | delicado/a 온화한, 다정한 | la melodía 멜로디, 선율 | acercarse a ~로 다가서다 | lanzar 던지다,놓아주다 | mismo/a 똑같은, 동일한 | descolgar 조금씩 내리다 | la trenza 땋은 머리

 Tip

lanzara: lanzar (던지다, 놓아주다) 동사의 접속법 과거 3인칭 단수

para que의 경우 para와 같은 의미 (~하기 위하여) 를 가지지만 para que는 서로 다른 주어 2개가 나올 경우 사용하는 접속사 입니다. [문장 1 para que 문장 2] 의 구조이죠. 이 때 para que 가 이끄는 문장2의 동사는 무조건 접속법입니다!

• 앞 장의 'para que 문법 포인트'와 연결하여 학습하세요!
- La joven descolgaba sus largos cabellos para que la bruja trepase por ellos.

마무리 학습

오늘 배운 내용을 완전히 내 것으로 만들어 봐요!

---

1 오늘의 동화 어휘 복습

각 단어의 알맞은 뜻을 찾아 이어주세요.

1. el jardín   •   • a. 머리카락

2. arriesgarse   •   • b. 창문

3. la ventana   •   • c. 정원

4. la torre   •   • d. 위험을 무릅쓰다

5. el cabello   •   • e. 탑

2 표현 LEVEL UP!

동화 속 등장한 레벨업 표현들을 다시 한번 정리해 봅시다.

fijarse en	~에 주목하다, 시선을 쏟다
moriré si no ...	~하지 않는다면 죽겠어!
obligar a + 동사원형	~하도록 강요하다
en busca de	~를 찾아, ~을 얻으려고
hacer lo mismo	똑같은 것을 하다

Tip

hacer lo mismo' 의 lo mismo 는 lo + 형용사 문법으로서 '~한 것' 의 뜻을 가집니다.

Ej lo importante: 중요한 것

lo necesario: 필요한 것

3 빈칸 QUIZ!

한국어 해설을 보고 빈칸에 알맞은 어휘를 넣어주세요.

¡OJO! 주어의 인칭 및 시제에 따른 동사변형 잊지 마세요.

① 그녀의 남편은 그녀를 매우 사랑했기 때문에 그녀에게 꽃을 가져다 주기로 결심했죠.

(los ruiponces)

¡Como su marido la quería mucho, decidió llevár _____ .

② 마녀는 그녀를 탑에 가두었는데 거기에는 고작 들어갈 수 있는 창문 하나만 있었어요.

La bruja la encerró en una torre _____ _____ _____ tan sólo

había una pequeña ventana para entrar.

③ 마녀는 탑으로 다가가서 라푼젤이 머리카락을 던지도록 라푼젤을 불렀어요.

La bruja se acercaba a la torre y llamaba a Rapunzel _____ _____ le

lanzara sus cabellos.

 QUIZ로 보는 오늘의 주요 문법 포인트

① llevárselos속에는 다양한 문법들이 숨어 있습니다!

1) 스페인어에서는 동사원형 바로 뒤에 목적격 대명사를 붙여 쓸 수 있다.

2) 간접 목적격 대명사 le/les는 뒤에 직접 목적격 대명사 (lo/la/los/las)가 올 경우 형태가 se로
바뀐다.

② en la que 형태의 전치사+ 관계사 가 나오면 la가 어떤 명사를 받고 있는지 먼저 찾아보세요.

③ para que + 접속법 = ~하도록 / ~하기 위하여

정답 확인

① 1. c 2. d 3. b 4. e 5. a

③ 1. selos 2. en la que 3. para que

22강
라푼젤 ②

오늘의 줄거리

주요
문장 **"¿Qué? ¿Así que me has estado engañando, eh?"**

준비 하기

오늘의 어휘

음성파일 청취 전, 오늘의 동화에 등장할 주요 어휘를 살펴보아요.

어휘	뜻	어휘	뜻
la confianza	신뢰, 믿음	reconocer	인정하다, 알아보다
furioso/a	분노한, 격분한	abrazar	포옹하다, 껴안다
amado/a	사랑하는, 애인, 연인	ciego/a	눈 먼, 장님의
maldecir	저주하다		

오늘의 동화

원어민 음성파일로 오늘의 동화를 들어보고 난 후 한 문장씩 읽어 보아요.

La joven se asustó cuando lo vio aparecer, pero rápidamente cogió confianza con él.

라푼젤은 그가 나타난 것을 보았을 때 놀랐지만, 빠르게 그에 대한 믿음을 쌓았죠.

El príncipe le contó cómo había llegado hasta allí

왕자는 라푼젤에게 어떻게 거기까지 오게 되었는지 이야기 해줬고,

y le preguntó si estaría dispuesta a casarse con él.

자신과 결혼해주지 않겠냐고 물었어요.

Rapunzel aceptó encantada porque pensó que serían felices juntos.

라푼젤은 둘이 함께라면 행복할 거라고 생각했기 때문에 흔쾌히 받아들였어요.

De modo que todas las noches el príncipe iba a ver a Rapunzel en secreto.

그래서 매일 밤 왕자는 비밀리에 라푼젤을 보러 가곤 했어요.

Pero un día, cuando Rapunzel ayudaba a la bruja a subir, sin querer dijo:

하지만 어느 날, 라푼젤이 마녀가 올라오는 것을 돕고 있을 때, 무심코 이렇게 말했어요.

— ¿Cómo es que me cuesta tanto subirla?

어째서 마녀 당신을 올리는 건 이렇게나 힘든 거예요?

El príncipe sube mucho más rápido.

왕자님은 훨씬 더 빨리 올라오는 걸요.

표현 check!

asustarse 놀라다, 깜짝하다 | aparecer 나타나다 | rápidamente 곧, 즉시 | coger confianza 신뢰를 쌓다 | contar 이야기하다 | preguntar si ~인지 아닌지 묻다 | dispuesto/a + 동사원형 ~할 준비가 된, ~할 용의가 있는 | casarse con ~와 결혼하다 | aceptar 받아들이다 | encantado/a 매우 만족한 | juntos 함께 | todas las noches 매일 밤 | en secreto 비밀리에, 몰래 | ayudar 돕다, 도와주다 | subir 오르다, 올라가다 | sin querer 무심코, 무의식 중에 | costarle (노력을) 요하다, 힘들다 | tanto 그렇게 (많이) | mucho más 훨씬 더, 많이

— ¿Qué? ¿Así que me has estado engañando, eh?

뭐라고? 그래서 날 속여왔다는 거군, 어?

La bruja estaba tan furiosa que

마녀는 너무나 분노해서,

cortó el largo cabello de Rapunzel y la mandó a un lugar muy lejano.

라푼젤의 긴 머리카락을 자르고, 그녀를 아주 먼 곳으로 보내 버렸죠.

Cuando el príncipe regresó para ver a su amada le pidió que lanzara sus cabellos.

왕자가 자신의 연인을 보기 위해 다시 돌아왔을 때 라푼젤에게 머리카락을 던져 달라고 부탁했어요.

La bruja soltó la trenza de Rapunzel por la ventana

마녀는 창문으로 라푼젤의 땋은 머리를 던졌고

y cuando el príncipe llegó a la torre se encontró con ella.

왕자가 탑에 도착했을 때는 마녀와 맞닥뜨렸어요.

표현 check!

así que 그래서 | engañar 속이다, 사기를 치다 | furioso/a 분노한, 격분한 | cortar 자르다 | mandar 보내다 | lejano/a 먼, 먼 곳의 | regresar 돌아가다, 되돌아가다 | amado/a 사랑하는, 연인 | pedir ~를 요청, 부탁하다

lanzara: lanzar (던지다, 놓아주다) 동사의 접속법 과거 3인칭 단수

'ordenar (명령하다), decir(~하라고 말하다), pedir (요청하다) 등 상대의 행동 변화를 요구하는 '명령·요청' 동사들은 que 이하 절에 '접속법'을 사용해줍니다. 기본형태는 [A가 B에게 ~하라고 하다/시키다]가 되겠죠.

• 9/12강(미녀와 야수/ 빨간망토)의 문법 포인트와 연결하여 학습 해보세요!

(9강) Al oír la noticia las hijas mayores se apresuraron a **pedir**le a su padre que les **trajera** caros vestidos.

(12강) Su madre le **pidió** que le **llevara** comida.

— ¡Nunca volverás a ver a Rapunzel! —

"다신 라푼젤을 보지 못할게다!"

y diciendo esto la bruja lo maldijo dejándolo ciego.

이 말을 하며 마녀는 왕자를 저주하여 그의 눈을 멀게 하였어요.

El príncipe estuvo mucho tiempo perdido por el bosque, pues no encontraba el camino al palacio,

왕자는 성으로 가는 길을 찾지 못해 숲에서 오랜 시간 헤매었어요.

hasta que un día llegó al lugar en el que se encontraba Rapunzel.

마침내 어느 날 라푼젤이 있던 장소에 도착하게 되었죠.

Ella lo reconoció al instante, lo abrazó

라푼젤은 그를 곧바로 알아보았고, 그를 껴안았어요.

y no pudo evitar soltar una lágrima cuando vio que estaba ciego por su culpa.

자신의 잘못으로 눈이 멀게 된 그를 보자 눈물을 터뜨리지 않을 수 없었죠.

Pero fue esa lágrima la que rompió el hechizo y devolvió la visión al príncipe

하지만 바로 이 눈물이 왕자의 저주를 풀어 왕자의 시력을 되돌려 놓았고

y juntos volvieron al palacio.

둘은 함께 성으로 돌아갔어요.

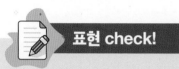

표현 check!

nunca 결코 ~아니다 | volver a + 동사원형 다시 ~하다 | maldecir 저주하다 | ciego/a 눈 먼, 장님의 | perdido/a (길을) 잃은, 잃어버린 | el camino 길, 거리 | reconocer 인정하다, 알아보다 | al instante 곧바로 | abrazar 포옹하다, 껴안다 | soltar lágrima 눈물을 흘리다, 터뜨리다 | romper 깨다, 깨뜨리다 | el hechizo 주술, 저주 | devolver 되돌리다, 돌려주다 | la visión 시력, 시야 | volver 돌아가다

마무리 학습

오늘 배운 내용을 완전히 내 것으로 만들어 봐요!

1 오늘의 동화 어휘 복습

각 단어의 알맞은 뜻을 찾아 이어주세요.

1. la confianza   •   • a. 분노한, 격분한

2. furioso/a   •   • b. 저주하다

3. maldecir   •   • c. 신뢰, 믿음

4. reconocer   •   • d. 포옹하다, 껴안다

5. abrazar   •   • e. 인정하다, 알아보다

2 표현 LEVEL UP!

동화 속 등장한 레벨업 표현들을 다시 한번 정리해 봅시다.

en secreto	비밀리에, 몰래
sin querer	무심코, 무의식 중에
costarle	(노력을) 요하다, 힘들다
mucho más	훨씬 더, 많이
al instante	곧바로
soltar lágrima	눈물을 흘리다, 터뜨리다

costarle는 gustar동사처럼 역구조 동사로 활용하시면 됩니다. '~에게 ~이 어렵다, 힘들다' 라는 뜻이죠.
'간접 목적격 대명사+costar 동사의 3인칭 단·복수'의 형태입니다.
(현재형) me cuesta(n) / te cuesta(n) / le cuesta(n) / nos cuesta(n) / os cuesta(n) / les cuesta(n)
이 때, 동사는 문법적 주어, 즉 뒤에 나오는 명사의 수에 일치 시킵니다.

Ej Me cuesta mucho hablar en español, pero no me cuesta tanto la gramática.
나는 스페인어로 말하는 것이 어려워, 하지만 문법은 그렇게 어렵지 않아.

③ 빈칸 QUIZ!

한국어 해설을 보고 빈칸에 알맞은 어휘를 넣어주세요.

¡OJO! 주어의 인칭 및 시제에 따른 동사변형 잊지 마세요.

> **①** 그래서 매일 밤 왕자는 비밀리에 라푼젤을 보러 가곤 했어요.
>
> De modo que ＿＿＿＿＿＿ ＿＿＿＿＿＿ ＿＿＿＿＿＿ el príncipe iba a ver
>
> a Rapunzel en secreto.
>
> **②** 뭐라고? 그래서 날 속여왔다는 거군, 어?
>
> ¿Qué? ¿Así que me ＿＿＿＿＿＿ ＿＿＿＿＿＿ ＿＿＿＿＿＿ , eh?
>
> **③** 왕자는 성으로 가는 길을 찾지 못해 숲에서 오랜 시간 헤매었어요.
>
> El príncipe ＿＿＿＿ mucho tiempo ＿＿＿＿ por el bosque, pues no
>
> encontraba el camino al palacio.

 QUIZ로 보는 오늘의 주요 문법 포인트

> **①** todos los días 매일 / todas las mañanas 매일 아침 / todas las noches 매일 밤
> todo(a)s + 정관사 + 복수명사의 형태로 활용해주세요.
>
> **②** has estado engañando는 현재완료(haber+p.p) 와 현재 진행형 (estar+현재분사)이 합
> 쳐진 형태입니다. 'haber+estado+현재분사'
>
> **③** estar perdido/a는 '길을 잃은 상태다, 길을 헤매다'라는 뜻입니다.
> , pues 는 '왜냐하면', '~이기 때문이다'의 뜻으로 해석 가능합니다.

Cenicienta

23강
신데렐라 ❶

오늘의 줄거리

주요 문장 'Cuando se quedó sola rompió a llorar.'

준비 하기

오늘의 어휘

음성파일 청취 전, 오늘의 동화에 등장할 주요 어휘를 살펴보아요.

어휘	뜻	어휘	뜻
la ropa	옷	peinarse	머리를 손질하다
las cenizas	재, 잿더미	la calabaza	호박
el baile	춤, 무도회	el carruaje	마차
planchar	다리다, 다리미질하다		

오늘의 동화

원어민 음성파일로 오늘의 동화를 들어보고 난 후 한 문장씩 읽어 보아요.

Érase una vez un hombre bueno que quedó viudo al poco tiempo de haberse casado.

옛날 옛적에, 결혼한지 얼마 되지 않았을 때 아내를 잃은 착한 남자가 하나 있었어요.

Años después conoció a otra mujer, y ambos se casaron.

몇 년 뒤 그 남자는 다른 여자를 알게 되었고, 둘은 결혼을 했죠.

La mujer tenía dos hijas muy arrogantes,

그 여자는 아주 오만한 두 딸을 가지고 있었어요.

mientras que el hombre tenía una única hija dulce y hermosa como ninguna otra.

반면에 남자는 어느 누구보다 상냥하고 예쁜 외동딸을 가지고 있었죠.

Desde el principio las dos hermanas **le hicieron la vida imposible a** la muchacha.

처음부터 두 자매는 소녀를 괴롭혔죠.

Le obligaban a llevar ropa vieja y a hacer todas las tareas de la casa.

두 자매는 그녀에게 낡은 옷을 입고 모든 집안일을 하도록 강요했어요.

Érase una vez 옛날 옛적에 | el hombre 남자 | viudo/a 배우자를 잃은 | al poco tiempo 그 후 곧, 얼마 있지 않아 | después 뒤에, 후에 | conocer 알다, 알게 되다 | ambos 양쪽, 두 사람 | arrogante 오만한, 거만한 | mientras que 한편, 반면에 | único/a 유일한 | dulce 상냥한, 온화한 | hermoso/a 아름다운, 예쁜 | desde el principio 처음부터 | imposible 불가능한 | la muchacha 아가씨, 여자 | hacer la vida imposible a alguien ~를 심하게 괴롭히다, 박해하다 | obligar a ~하도록 강요하다 | llevar (옷 등을) 입고 있다 | la ropa 옷 | viejo/a 오래된, 낡은 | la tarea 일, 업무

신데렐라 | **173**

La pobre se pasaba el día limpiando, y por si esto fuera poco,

가엾은 소녀는 청소를 하며 하루를 보내곤 했고, 설상가상으로,

se burlaban de ella cuando descansaba sobre las cenizas de la chimenea.

두 자매는 신데렐라가 벽난로 잿더미에서 쉬고 있을 때 그녀를 놀리곤 했어요.

Pero a pesar de todo ella nunca se quejaba.

하지만 이 모든 것에도 불구하고 그녀는 한 번도 불평하지 않았어요.

Un día sus hermanas le dijeron que iban a acudir al baile que daba el príncipe.

어느 날 그녀의 언니들은 왕자가 주최하는 무도회에 갈 것이라고 말했어요.

A Cenicienta le apetecía ir,

신데렐라는 너무나도 가고 싶었죠,

pero sabía que no estaba hecho para una muchacha como ella.

하지만 무도회는 자신과 같은 여자애를 위해 만들어진 것이 아니란 걸 알았어요.

Planchó los vestidos de sus hermanas, las ayudó a peinarse y las despidió con tristeza.

신데렐라는 언니들의 드레스를 다리고, 머리 손질하는 것을 도와주고는 슬피 언니들을 배웅했어요.

Cuando se quedó sola rompió a llorar.

혼자 남았을 때 신데렐라는 울음을 터뜨렸어요.

표현 check!

limpiar 청소하다 | por si fuera poco 게다가, 설상가상으로 | burlarse de 놀리다 | descansar 쉬다 | las cenizas 재, 잿더미 | la chimenea 굴뚝, 벽난로 | a pesar de ~에도 불구하고 | quejarse 불평하다 | ir a 동사원형 ~할 것이다 | acudir 가다 | el baile 춤, 무도회 | dar 주다, (파티 등을) 열다, 주최하다 | apetecer 탐내다, 원하다 | hecho/a 만들어진 | la muchacha 소녀 | como ~와 같은 | planchar 다리미질하다 | el vestido 의복, 드레스 | peinarse 머리 손질하다 | despedir 배웅하다, 이별하다 | con tristeza 슬피, 섭섭히 | quedarse 남다 | solo/a 홀로, 혼자 | romper a llorar 울음을 터뜨리다

Entonces, apareció su hada madrina:

그 때, 그녀의 요정 대모가 나타났어요.

— **¿Qué ocurre** Cenicienta? ¿Por qué lloras?

"신데렐라야 무슨 일이니? 왜 울고 있니?"

— Porque me gustaría ir al baile como mis hermanas, pero eso no es posible.

"왜냐하면 제 언니들처럼 무도회장에 가고 싶거든요. 하지만 그건 불가능해요."

— Mmmm ... creo que puedo solucionarlo— dijo con una amplia sonrisa.

"음... 내가 그것을 해결해 줄 수 있을 것 같구나." 요정 대모가 큰 미소와 함께 말했어요.

Cenicienta recorrió la casa en busca de lo que le pidió su madrina:

신데렐라는 요정 대모가 그녀에게 요청한 것을 찾으러 집을 구석 구석 돌아다녔어요.

una calabaza, seis ratones, una rata y seis lagartos.

호박 하나, 생쥐 여섯 마리, 암쥐 한 마리 그리고 여섯 마리의 도마뱀이었죠.

Con un golpe de su varita

요정은 요술 지팡이를 한 번 휘둘러

los convirtió en un carruaje dorado tirado por seis caballos, un cochero y seis sirvientes.

그것들을 여섯 마리의 말이 끄는 황금 마차, 한 명의 마부 그리고 여섯 명의 하인으로 바꾸었어요.

표현 check!

llorar 울다 | aparecer 나타나다 | ¿Qué ocurre? 무슨 일이니? | hada madrina 요정 대모 | ocurrir 일어나다, 발생하다 | gustaría ~했으면 싶다 | posible 가능한 | perdido/a (길을) 잃은, 잃어버린 | el camino 길, 거리 | recorrer 구석구석 돌아다니다 | en busca de ~을 찾아, 얻으려고 | la calabaza 호박 | el ratón 생쥐 | la rata 쥐, 암쥐 | el lagarto 도마뱀 | el golpe 충돌, 충격 | la vara 지팡이, 막대 | dorado/a 황금의 | tirar 끌다, 잡아당기다 | el cochero 마부 | el sirviente 하인, 종

마무리 학습

오늘 배운 내용을 완전히 내 것으로 만들어 봐요!

---

1 오늘의 동화 어휘 복습

각 단어의 알맞은 뜻을 찾아 이어주세요.

1. la ropa •　　　　　　　　• a. 재, 잿더미

2. las cenizas •　　　　　　　　• b. 다리다, 다리미질하다

3. planchar •　　　　　　　　• c. 머리를 손질하다

4. peinarse •　　　　　　　　• d. 옷

5. la calabaza •　　　　　　　　• e. 호박

2 표현 LEVEL UP!

동화 속 등장한 레벨업 표현들을 다시 한번 정리해 봅시다.

Érase una vez ...	옛날 옛적에
desde el principio	처음부터
hacer la vida imposible a alguien	~을 괴롭히다, 박해하다
por si fuera poco	게다가, 설상가상으로
romper a + 동사원형	갑자기 ~하기 시작하다
¿Qué ocurre?	무슨 일이니?

Tip

• por si fuera poco의 fuera 역시 ser 동사의 접속법 과거 3인칭 단수 형태입니다. 직역하면 '마치 적은 듯이...' 즉, '심지어 이에 더해' 라는 의미가 되겠죠.

• ¿Qué ocurre?의 동의 표현으로 ¿Qué pasa?도 함께 기억해주세요!

3 빈칸 QUIZ!

한국어 해설을 보고 빈칸에 알맞은 어휘를 넣어주세요.

¡OJO! 주어의 인칭 및 시제에 따른 동사변형 잊지 마세요.

1 하지만 이 모든 것에도 불구하고 그녀는 한 번도 불평하지 않았어요.

Pero a pesar de todo ella nunca ☐☐☐☐ ☐☐☐☐☐☐☐ .

2 신데렐라는 가고 싶었으나 무도회는 자신과 같은 여자애를 위해 만들어진 것이 아니란 걸 알았어요.

A Cenicienta ☐☐☐☐ ☐☐☐☐☐☐☐ ☐☐☐☐☐ , pero sabía que no estaba hecho para una muchacha como ella.

3 신데렐라는 요정 대모가 그녀에게 요청한 것을 찾으러 집을 구석 구석 돌아다녔어요.

Cenicienta recorrió la casa ☐☐☐☐ ☐☐☐☐ ☐☐☐☐☐☐ lo que le pidió su madrina.

 QUIZ로 보는 오늘의 주요 문법 포인트

1 quejarse (불평하다) 동사는 재귀동사로 사용합니다. 주어에 맞는 동사 변형에 주의하세요!

> **Ej** No te quejes 불평 하지 마

2 apetecer 동사는 역구조 동사로 사용하여 '~하고 싶다/ ~이 당기다' 라는 뜻으로 사용 가능합니다.

(현재형) Me apetece/ te apetece/ le apetece/ nos apetece ...

(불완료과거) Me apetecía/ te apetecía/ le apetecía/ nos apetecía ...

3 en busca de = ~을 찾기 위해, 구하러

정답 확인

1 1. d 2. a 3. b 4. c 5. e

3 1. se quejaba   2. le apetecía ir   3. en busca de

24강
신데렐라 ❷

> 주요
> 문장
> "Recuerda que el hechizo se romperá a las doce de la noche"

준비 하기

오늘의 어휘

음성파일 청취 전, 오늘의 동화에 등장할 주요 어휘를 살펴보아요.

어휘	뜻	어휘	뜻
la hermanastra	의붓언니	huir	도주하다, 도망치다
la seda	비단, 명주	la bondad	인심, 선량함, 어진 성품
zapatos de cristal	유리 구두	perdonar	용서하다
admirar	존경하다, 감탄하다		

동화 속으로!

오늘의 동화

원어민 음성파일로 오늘의 동화를 들어보고 난 후 한 문장씩 읽어 보아요.

Y por último, con otro golpe de varita

그리고 마지막으로, 또 다시 요술 지팡이를 휘둘러

convirtió su vestimenta en un magnífico vestido de seda y unos zapatitos de cristal.

신데렐라의 옷차림을 멋진 실크 드레스와 유리 구두로 바꾸었죠.

— Sólo una cosa más, Cenicienta.

"한 가지만 더, 신데렐라

Recuerda que el hechizo se romperá a las doce de la noche, por lo que debes volver antes.

마법이 12시에 풀리기 때문에, 그 전에는 돌아와야 한다는 것을 기억하렴."

Cuando Cenicienta llegó al palacio,

신데렐라가 성에 도착했을 때,

todos admiraban su belleza mientras se preguntaban quién era esa hermosa princesa.

모두들 그녀의 아름다움에 감탄하며 그 아름다운 공주는 누구일까 궁금해 했어요.

El príncipe se enamoró a primera vista y la sacó a bailar.

왕자는 첫 눈에 사랑에 빠졌고, 신데렐라를 데리고 나가 춤을 추었죠.

Cenicienta estaba tan a gusto que no se dio cuenta de que estaban dando las doce.

신데렐라는 기분이 너무 좋고 편해서 시계가 12시를 알리고 있는 것을 알아차리지 못했어요.

표현 check!

por último 마지막으로 | convertir 바꾸다, 변환하다 | la vestimenta 의상, 옷차림 | magnífico/a 훌륭한, 근사한 | la seda 실크 | los zapatos de cristal 유리구두 | recordar 기억하다, 생각해내다 | el hechizo 마법, 주술 | romperse 깨지다, 부서지다 | por lo que 그래서 | volver 돌아오다, 돌아가다 | el palacio 성, 성채 | admirar 존경하다, 감탄하다 | la belleza 아름다움 | mientras 그러는 사이에, ~하는 동안 | preguntarse 자문하다 | enamorarse 사랑에 빠지다 | a primera vista 첫 눈에, 한 눈에 | sacar 꺼내다, 데리고 나(오)가다 | a gusto 마음 편하게, 기쁘게 | darse cuenta de ~에 대해 깨닫다 | dar (시계가, 시간을) 알리다, 치다

Cuando escuchó las campanas, se levantó y huyó del palacio.

종소리를 들었을 때, 그녀는 벌떡 일어나 성에서 도망쳤어요.

El príncipe, preocupado, salió corriendo,

걱정이 된 왕자는 뛰어나갔지만

pero sólo encontró uno de sus zapatos, que la joven perdió mientras corría.

신데렐라가 달리면서 잃어버린 유리구두 한 짝만 발견했어요.

Días después llegó a casa de Cenicienta un hombre desde palacio con el zapato de cristal.

며칠 후 신데렐라의 집에 유리 구두와 함께 성으로부터 온 한 남자가 도착했어요.

El príncipe ordenó que todas las mujeres del reino se lo probaran

왕자는 왕국의 모든 여자들에게 유리구두를 신어 보라고 명했어요.

hasta encontrar a su dueña.

그 주인을 찾을 때 까지요.

Así que se lo probaron las hermanastras, pero no lograron meter su pie en él.

그래서 의붓언니들이 신발을 신어 보았지만, 신발 안에 자신들의 발을 넣을 수가 없었어요.

 표현 check!

escuchar 듣다, 청취하다 | la campana 종 | levantarse 일어나다 | huir 도망치다 | preocupado/a 걱정하는 | salir 나가다, 떠나다 | encontrar 찾아내다, 발견하다 | perder 잃다, 분실하다 | correr 달리다, 뛰다 | llegar 도착하다, 닿다 | desde ~로 부터 | ordenar 명하다, 명령하다 | el reino 왕국 | probarse 입어 보다, 신어 보다 | el dueño 주인 | así que 그래서 | la hermanastra 의붓언니 | lograr+ 동사원형 ~하기에 이르다 | meter 넣다 | el pie 발

probaran: probar(se)(신어보다, 입어보다) 동사의 접속법 과거 3인칭 복수

ordenar (명령하다), decir(~하라고 말하다), pedir (요청하다) 등 상대의 행동 변화를 요구하는 '명령·요청' 동사들은 que 이하 절에 '접속법'을 사용해줍니다. 기본형태는 [A가 B에게 ~하라고 하다/시키다]가 되겠죠.

• 3강 백설공주의 문법 포인트와 연결하여 학습해 보세요.

La reina **ordenó** a un cazador que se la **llevara** al bosque, la **matara** y **volviese** con su corazón.

Cuando llegó el turno de Cenicienta se echaron a reír

신데렐라의 순서가 왔을 때, 의붓언니들은 웃기 시작했고

y hasta dijeron que no hacía falta que se lo probara.

신데렐라는 신어 볼 필요가 없다고 까지 말했죠.

Pero Cenicienta se lo probó y el zapatito le quedó perfecto.

하지만 신데렐라는 구두를 신어 보았고, 신발은 완벽하게 들어맞았어요.

De modo que Cenicienta y el príncipe se casaron y fueron muy felices

그래서 신데렐라와 왕자는 결혼을 하여 매우 행복했고

y la joven volvió a demostrar su bondad perdonando a sus hermanastras.

신데렐라는 의붓언니들을 용서해주며, 다시 한번 어진 성품을 보여주었죠.

 표현 check!

el turno 차례, 순서 | echarse a reír 웃기 시작하다, 실소하다 | hacer falta 필요하다 | quedarle bien 잘 들어맞다 | perfecto/a 완벽한 | demostrar 보이다, 나타내다 | la bondad 인심, 인정, 선량함 | perdonar 용서하다

 Tip

probara: probar(se)(신어보다, 입어보다) 동사의 접속법 과거 3인칭 단수

No hacer falta que~(할 필요가 없다) 와 같이 주관적 가치 표현 뒤에 따라오는 동사는 접속법으로 써줍니다. 대표적인 주관적 가치 표현 문장의 접속법 사용은 다음과 같습니다.

Es importante que 주어+(접속법)동사	주어가 ~하는 것은 중요하다
No es necesario que 주어+(접속법)동사	주어가~하는 것은 필요하지 않다
Es bueno/malo que 주어+(접속법)동사	주어가~하는 것은 좋다/ 나쁘다

마무리 학습

오늘 배운 내용을 완전히 내 것으로 만들어 봐요!

1 오늘의 동화 어휘 복습

각 단어의 알맞은 뜻을 찾아 이어주세요.

1. la seda •　　　　　• a. 용서하다

2. admirar •　　　　　• b. 도주하다, 도망치다

3. huir •　　　　　• c. 존경하다, 감탄하다

4. la bondad •　　　　　• d. 인심, 선량함, 어진 성품

5. perdonar •　　　　　• e. 비단, 명주

2 표현 LEVEL UP!

동화 속 등장한 레벨업 표현들을 다시 한번 정리해 봅시다.

enamorarse a primera vista	첫 눈에 사랑에 빠지다
estar a gusto	마음 편하게 있다
dar las doce	12시를 알리다
echarse a reír	웃기 시작하다, 실소하다
hacer falta	필요하다
quedarle bien	잘 들어맞다

- **No hace falta**는 표현 자체로 '그럴 필요 없어' 라는 뜻으로 활용 가능합니다.

- **Quedarle bien** (잘 들어맞다, 어울리다)은 대표적인 역구조 동사 표현 중 하나입니다. 간접 목적격 대명사 + 동사의 3인칭 단·복수 형태로 써주시면 되겠죠!

　Ej ¿Me queda bien la falda?
　　나에게 치마가 잘 들어 맞아? (어울려?)

③ 빈칸 QUIZ!

한국어 해설을 보고 빈칸에 알맞은 어휘를 넣어주세요.

¡OJO! 주어의 인칭 및 시제에 따른 동사변형 잊지 마세요.

① "한 가지만 더, 신데렐라. 밤 12시에 마법이 풀린다는 걸 기억하렴."

Sólo ⬚⬚⬚⬚⬚⬚⬚⬚⬚⬚, Cenicienta.

Recuerda que el hechizo se romperá a las doce de la noche.

② 종소리를 들었을 때, 그녀는 벌떡 일어나 성에서 도망쳤어요.

Cuando escuchó las campanas, se levantó y ⬚⬚⬚⬚⬚ palacio.

③ 신데렐라의 순서가 왔을 때, 의붓언니들은 웃기 시작했고 신데렐라는 신어 볼 필요가 없다고 까지 말했죠.

Cuando ⬚⬚⬚⬚⬚⬚⬚⬚⬚ de Cenicienta se echaron a reír y

hasta dijeron que no hacía falta que se lo probara.

 QUIZ로 보는 오늘의 주요 문법 포인트

① 'una cosa más = 한 가지 더'와 함께 'Una vez más = 한 번 더'라는 표현도 함께 알아 두세요.

② 'huir de ~ = ~로부터 도망치다'

huir 동사의 3인칭 단수 단순과거형 동사변형에 주의하세요!

③ 'llegar el turno= 순서가 오다'

Ej ¡Por fin me ha llegado el turno!

드디어 내 차례가 왔어!

동화 로 배우는

Level up!

스페인어

명작동화 미니북

S 시원스쿨닷컴

CUENTO
1

아기돼지
삼형제

Los tres cerditos

Había una vez tres hermanos cerditos que vivían en el bosque.

Como el malvado lobo siempre los perseguía para comérselos, un día dijo el mayor:

— Tenemos que hacer una casa para protegernos del lobo. Así podremos escondernos cada vez que el lobo aparezca.

A los otros dos les pareció muy buena idea, pero no se ponían de acuerdo sobre qué material utilizar.

Al final, y para no discutir, cada uno de ellos decidió utilizar el material que más le gustaba.

El más pequeño optó por utilizar paja, para no tardar mucho y poder irse a jugar después.

El mediano prefirió construirla de madera, que era más resistente que la paja y tampoco le llevaría mucho tiempo hacerla.

Pero el mayor pensó que lo mejor era hacer una casa resistente y fuerte de ladrillo.

— Además así podré hacer una chimenea para calentarme en invierno — dijo.

Cuando los tres acabaron sus casas se metieron cada uno en la suya y entonces apareció por ahí el malvado lobo.

Primero se dirigió a la de paja y llamó a la puerta:

— Anda cerdito, sé bueno y déjame entrar...

— ¡No! ¡Eso ni pensarlo!

— ¡Pues soplaré y soplaré y la casita derribaré!

Y el lobo empezó a soplar fuerte hasta que la débil casa acabó viniéndose abajo.

Pero el cerdito echó a correr y se refugió en la casa de su hermano mediano, que estaba hecha de madera.

— Anda cerditos, sed buenos y dejadme entrar...

— ¡No! ¡Eso ni pensarlo!, dijeron los dos.

— ¡Pues soplaré y soplaré y la casita derribaré!

El lobo empezó a soplar muy fuerte.

Aunque esta vez tuvo que esforzarse más, al final consiguió derribar la casa de madera.

Por eso, los cerditos salieron corriendo hacia la casa de su hermano mayor.

El lobo cada vez tenía más hambre así que sopló y sopló con todas sus fuerzas, pero la casa no se movía ni siquiera un poco.

Dentro, los cerditos celebraban y cantaban alegres por haberse librado del lobo:

— ¿Quién teme al lobo feroz? ¡No, no, no!

Fuera, el lobo continuaba soplando en vano, cada vez más enfadado, hasta que decidió parar para descansar y entonces se dio cuenta de que la casa tenía una chimenea.

— ¡Ja! ¡Pensaban que iban a librarse de mí!

¡Subiré por la chimenea y me los comeré a los tres!

Pero los cerditos lo oyeron, y para darle una lección, llenaron la chimenea de leña y pusieron al fuego un gran caldero con agua.

Así cuando el lobo cayó por la chimenea el agua estaba hirviendo y se quemó tanto que salió gritando de la casa y no volvió a comer cerditos en mucho tiempo.

백설 공주

Blancanieves

Un día de invierno, nació una hermosa princesa.

Le pusieron Blancanieves, porque era tan blanca y bella como la nieve.

Desgraciadamente, su madre falleció al dar a luz.

Pasados los años el rey viudo se casó con otra mujer que era tan bella como envidiosa.

Ella tenía un espejo mágico al que cada día preguntaba:

— Espejito espejito, ¿Quién es la más hermosa del mundo?

Y el espejo siempre contestaba:

— Usted es la más hermosa.

Pero el día en que Blancanieves cumplió siete años el espejo cambió su respuesta:

— Mi Reina. Ahora la más hermosa es Blancanieves.

Al oír esto la Reina se enfadó.

Tenía tanta envidia y odio que ordenó a un cazador que se la llevara al bosque, la matara y volviese con su corazón.

Pero una vez en el bosque el cazador miró a la joven Blancanieves y no pudo matarla.

En su lugar, mató a un pequeño jabalí para poder entregar su corazón a la Reina.

Blancanieves se quedó sola en el bosque, asustada y sin saber a dónde ir.

Comenzó a correr hasta que llegó la noche.

Entonces vio luz en una casita y entró en ella.

Era una casita especial. Todo era muy pequeño.

En la mesa había siete platitos, y siete cubiertos.

Blancanieves tenía tanta hambre que probó un bocado de cada plato y se sentó como pudo en una de las sillitas.

Estaba tan agotada que le entró sueño, entonces encontró una habitación con siete camitas y se acurrucó en una de ellas.

Por la noche, regresaron los enanitos de la mina.

Rápidamente, se dieron cuenta de que alguien había estado allí.

— ¡Alguien ha comido de nuestros platitos!

— ¡Alguien ha estado aquí! — dijeron ellos.

Cuando entraron en la habitación descubrieron el misterio y se quedaron con la boca abierta al ver a una muchacha tan bella. Por eso decidieron dejarla dormir allí.

Al día siguiente Blancanieves les contó a los enanitos cómo había llegado hasta allí.

Los enanitos le ofrecieron quedarse en su casa.

Pero, le advirtieron:

— Ten mucho cuidado y no abras la puerta a nadie.

La madrastra volvió a preguntarle a su espejito:

— Espejito espejito, contéstame a una cosa ¿no soy yo la más hermosa?

— Mi Reina, siento decirle que Blancanieves sigue siendo la más bella.

La reina se puso furiosa y utilizó sus poderes para saber dónde se escondía la muchacha.

Cuando supo dónde se encontraba, preparó una manzana envenenada, se disfrazó y se dirigió hacia la casa.

Cuando llegó llamó a la puerta.

Blancanieves se asomó por la ventana y contestó:

— No puedo abrir a nadie.

— No temas, sólo vengo a traerte manzanas.

Tengo muchas y no sé qué hacer con ellas.

Te dejaré aquí una, por si te apetece más tarde.

Blancanieves se fio de ella, mordió a manzana y… cayó al suelo de repente.

La malvada Reina la vio y se marchó riéndose.

Al llegar a palacio, preguntó de nuevo:

— Espejito espejito, contéstame a una cosa ¿no soy yo la más hermosa?

— Sí, mi Reina. De nuevo usted es la más hermosa.

Los enanitos llegaron a casa y encontraron a Blancanieves muerta en el suelo.

Trataron de ayudarla, pero no pudieron hacer nada para salvarla.

Decidieron colocarla en una caja de cristal y la llevaron al bosque donde estuvieron velándola por mucho tiempo.

Un día apareció por allí un príncipe que se enamoró de inmediato de ella, y preguntó a los enanitos si podía llevársela con él.

A los enanitos no les convencía la idea, pero el príncipe prometió cuidarla, así que aceptaron.

Cuando los hombres del príncipe llevaban a Blancanieves, tropezaron con una piedra y del golpe, salió disparado el bocado de manzana envenenada de la garganta de Blancanieves.

En ese momento, Blancanieves abrió los ojos de nuevo.

— ¿Dónde estoy? ¿Qué ha pasado? — preguntó sorprendida Blancanieves.

— Tranquila, estás sana y salva y con eso me has hecho el hombre más afortunado del mundo.

Blancanieves y el Príncipe se casaron y vivieron felices en su castillo.

미운 오리 새끼

El patito feo

Un día mamá pata escuchó de repente... ¡cuac, cuac! y vio cómo uno por uno sus polluelos empezaban a romper el cascarón.

Bueno, todos menos uno.

Pero cuando por fin salió resultó ser totalmente diferente al resto.

Era grande y feo. Por eso el resto de animales de la granja comenzaron a reírse de él.

— ¡Feo, feo, eres muy feo! — le cantaban.

Su madre lo defendía, pero pasado el tiempo ya no supo qué decir.

Los patos le daban picotazos, los pavos le perseguían y las gallinas se burlaban de él.

Al final su propia madre acabó convencida de que era un pato feo y tonto.

— ¡Vete, no quiero que estés aquí!

El pobre patito se sintió muy triste al oír esas palabras y escapó corriendo de allí.

Acabó en la casa de una mujer anciana que vivía con un gato y una gallina.

Pero como no fue capaz de poner huevos también tuvo que abandonar aquel lugar.

El pobre sentía que no valía para nada.

Un atardecer de otoño estaba mirando al cielo cuando apareció un grupo de pájaros grandes que le dejó con la boca abierta.

Él no sabía que eran cisnes.

— ¡Qué grandes son! ¡Y qué blancos! Sus plumas parecen nieve.

Deseó con todas sus fuerzas ser uno de ellos, pero abrió los ojos y se dio cuenta de que seguía siendo un pato feo.

Tras el otoño, llegó el frío invierno que fue muy duro para el pobre patito.

Sólo, muerto de frío y a menudo muerto de hambre también.

Pero a pesar de todo logró sobrevivir y por fin llegó la primavera.

Una tarde en la que el sol empezaba a calentar decidió ir al parque para contemplar las flores.

Allí vio en el estanque dos de aquellos pájaros grandes y blancos que había visto una vez hace tiempo.

Volvió a quedarse hechizado mirándolos, pero esta vez tuvo el valor de acercarse a ellos.

Voló hasta donde estaban y entonces, algo llamó su atención en su reflejo.

¿Dónde estaba la imagen del pato grande y feo que era?

¡En su lugar había un cisne!

Entonces eso quería decir que… ¡se había convertido en cisne!

O mejor dicho, siempre lo había sido.

Desde aquel día el patito sintió una felicidad que nunca había tenido.

Aunque escuchó muchos elogios sobre su belleza, él nunca pudo acostumbrarse.

CUENTO
4

토끼와
거북이

La liebre y la tortuga

Había una vez una liebre que se pasaba todo el día presumiendo de lo rápido que podía correr.

Cansada de escucharla, un día la tortuga la retó a una carrera.

—Debes estar bromeando—dijo la liebre riéndose a carcajadas.

—Ya veremos liebre, guarda tus palabras hasta después de la carrera— respondió la tortuga.

Al día siguiente, los animales del bosque se reunieron para ver la carrera.

Todos querían ver si la tortuga en realidad podía vencer a la liebre.

El oso comenzó la carrera gritando:

—¡En sus marcas, listos, ya!

La liebre se adelantó inmediatamente, corrió más rápido que nunca.

Luego, miró hacia atrás y vio que la tortuga se encontraba a unos pocos pasos de la línea de inicio.

—Tortuga lenta e ingenua— pensó la liebre.

—¿Por qué habrá querido competir, si no tiene ninguna oportunidad de ganar?

Confiada en que iba a ganar la carrera, la liebre decidió parar en medio del camino para descansar debajo de un árbol.

La sombra del árbol era tan relajante que la liebre se quedó dormida.

Mientras tanto, la tortuga siguió caminando lento, pero sin pausa.

Estaba decidida a no darse por vencida.

No se sabe cuánto tiempo la liebre se quedó dormida, pero cuando ella se despertó, vio que la tortuga se encontraba a tan solo tres pasos de la meta.

En un sobresalto, salió corriendo con todas sus fuerzas, pero ya era muy tarde:

¡La tortuga había alcanzado la meta y ganado la carrera!

미녀와
야수

La bella y la bestia

Había una vez un mercader adinerado que tenía tres hijas.

Entre ellas, la más joven era la más hermosa, a quien todos llamaban Bella.

Además de bonita, era también bondadosa y por eso sus hermanas la envidiaban y la consideraban estúpida por pasar el día tocando el piano y leyendo.

Sucedió que un día perdieron todo cuanto tenían, solo les quedó una casita en el campo.

Tuvieron que trasladarse allí y su padre les dijo que no les quedaba más remedio que labrar la tierra.

Las dos hermanas mayores se negaron mientras que Bella pensó:

— Llorando no conseguiré nada, trabajando sí.
  Puedo ser feliz aunque sea pobre.

Así que Bella lo hacía todo.

Preparaba la comida, limpiaba la casa, cultivaba la tierra y hasta encontraba tiempo para leer.

Sus hermanas, en lugar de estarle agradecidas se burlaban de ella.

Llevaban un año viviendo así cuando le informaron al mercader de que un barco con mercancías suyas acababa de llegar.

Al oír la noticia las hijas mayores se apresuraron a pedirle a su padre que les trajera caros vestidos.

Bella en cambio, sólo pidió unas sencillas rosas.

Pero el mercader apenas pudo recuperar sus mercancías y volvió tan pobre como antes.

Cuando estaba volviendo a casa, se encontró con una tormenta terrible.

Estaba muerto de frío y hambre.

Entonces, vio una luz que provenía de un castillo.

Al llegar al castillo no encontró a nadie.

Sin embargo, el fuego estaba encendido y la mesa estaba llena de comida. Tenía tanta hambre que no pudo evitar probarla.

Se sintió tan cansado que durmió allí.

Al día siguiente encontró ropas limpias y una taza de chocolate caliente esperándolo.

Cuando estaba marchándose, al ver las rosas del jardín recordó la promesa que había hecho a Bella.

Cuando se dispuso a cortarlas apareció ante él una bestia enorme.

— ¿Así es como pagas mi gratitud?

— ¡Lo siento! … son para una de mis hijas…

— ¡Basta!

Te perdonaré la vida solo si una de vuestras hijas me ofrece la suya a cambio. Ahora ¡Vete!

El hombre llegó a casa agotado, entregó las rosas a Bella y les contó lo que había sucedido.

Las hermanas de Bella comenzaron a decirle que tenía la culpa de todo.

De repente, Bella dijo con firmeza

— Iré al castillo y entregaré mi vida a la bestia.

Cuando Bella llegó al castillo se asombró de su esplendor. Encontró escrito en una puerta "Habitación de Bella" donde había un piano y una biblioteca.

Esa noche bajó a cenar y aunque estuvo muy nerviosa al principio empezó a pensar que la bestia no era lo que aparentaba, sino que era muy amable y bondadosa.

Con el tiempo, Bella comenzó a sentir afecto por la bestia. Aunque cuando la bestia le preguntaba si querría ser su esposa ella siempre contestaba:

— Lo siento. Eres muy bueno conmigo, pero no creo que pueda casarme contigo.

La bestia pese a eso no se enfadaba, sino que lanzaba un largo suspiro y desaparecía.

Un día Bella le pidió a la bestia que le dejara ir a ver a su padre, ya que había caído enfermo.

La bestia sólo le pidió que por favor volviera pronto.

— Te prometo que volveré en ocho días — dijo Bella.

Bella estuvo en casa de su padre durante diez días.

Una noche soñó con la bestia en el jardín del castillo medio muerta.

Regresó de inmediato al castillo, recordó su sueño y la encontró en el jardín. La pobre bestia no había podido soportar estar lejos de ella.

— No te preocupes. Al menos, he podido verte una vez más.

—¡No te puedes morir! ¡Seré tu esposa!

Entonces una luz iluminó el castillo y sonaron las campanas.

Cuando Bella se dio la vuelta hacia la bestia en su lugar había un apuesto príncipe.

— Gracias Bella. Has roto el hechizo.

Un hada me condenó a vivir con esta forma

hasta encontrar a una joven capaz de amarme y tú lo has hecho.

Ambos se casaron y vivieron juntos y felices durante muchos años.

빨간 망토

Caperucita roja

Había una vez una dulce niña que quería mucho a su familia.

El día de su cumpleaños su abuela le regaló una caperuza roja.

Como iba con ella a todas partes, pronto todos empezaron a llamarla Caperucita roja.

Un día la abuela de Caperucita, que vivía en el bosque, se puso enferma y su madre le pidió que le llevara comida.

Caperucita aceptó encantada.

— Ten mucho cuidado y no te entretengas en el bosque.

—¡Sí, mamá!

La niña caminaba tranquilamente por el bosque cuando el lobo la vio y se acercó a ella.

— ¿Dónde vas Caperucita?

— A casa de mi abuelita a llevarle esta cesta.

— Yo también quería ir a verla... así que, ¿por qué no hacemos una carrera?

Tú ve por ese camino que yo iré por este otro.

— ¡Vale!

El lobo mandó a Caperucita por el camino más largo y llegó a casa de la abuelita primero.

Por lo tanto, se hizo pasar por la pequeña y llamó a la puerta.

— ¿Quién es? — contestó la abuelita.

— Soy yo, Caperucita — dijo el lobo.

— Qué bien hija mía. Pasa, pasa.

El lobo entró, se lanzó sobre la abuelita y se la comió de un bocado.

Se puso su camisón y se metió en la cama a esperar la llegada de Caperucita.

La pequeña se entretuvo en el bosque cogiendo flores y por eso tardó en llegar un poco más.

Al llegar llamó a la puerta.

— ¿Quién es? — contestó el lobo tratando de afinar su voz.

— Soy yo, Caperucita. Te traigo comida.

— Qué bien hija mía. Pasa, pasa.

Cuando Caperucita entró encontró diferente a la abuelita, aunque no supo bien por qué.

— ¡Abuelita, qué ojos más grandes tienes!

— Sí, son para verte mejor...

— ¡Abuelita, qué orejas tan grandes tienes!

— Claro, son para oírte mejor...

— Pero abuelita, ¡qué dientes más grandes tienes!

— ¡Son para comerte mejor!

En cuanto dijo esto el lobo se lanzó sobre Caperucita y se la comió también.

Su estómago estaba tan lleno que el lobo se quedó dormido.

En ese momento un cazador que lo había visto entrar comenzó a preocuparse.

— Ha pasado mucho rato desde que entró...

¡Dios mío, sabía que podía pasar esto!

Entró y vio al lobo con la panza hinchada. Se imaginó lo ocurrido, así que con su cuchillo abrió la tripa del animal para sacar a Caperucita y su abuelita.

— Hay que darle un buen castigo a este lobo — pensó el cazador.

Le llenó la tripa de piedras y se la volvió a coser. Cuando el lobo se despertó se acercó al río porque tenía mucha sed.

Y ¡zas! Se cayó dentro y se ahogó.

Caperucita volvió a ver a su madre y su abuelita y desde entonces prometió hacer siempre caso a lo que le dijera su madre.

헨젤과
그레텔

Hansel y Gretel

Había una vez un matrimonio que vivía en una cabaña
con sus dos hijos, Hansel y Gretel.

Como no eran capaces de alimentarlos, un día
tuvieron que tomar una decisión.

— Los dejaremos en el bosque con la esperanza de
que alguien en mejor situación pueda hacerse
cargo de ellos — dijo la madre.

Los niños que oyeron toda la conversación a
escondidas comenzaron a llorar asustados. Hansel
dijo a su hermana:

— No te preocupes. Encontraré la forma de regresar
a casa.

Al día siguiente fueron todos al bosque, los niños se
quedaron junto a una hoguera y se durmieron.

Cuando despertaron sus padres ya no estaban. Gretel
empezó a llorar.

— No llores Gretel. He ido dejando trocitos de pan a
lo largo de todo el camino.

Sin embargo, las palomas se los habían comido.

Así que los niños anduvieron perdidos por el bosque
hasta que no pudieron dar un paso más.

Entonces, se encontraron con una casa hecha de
pan, cubierta de chocolate y con ventanas de azúcar.
Tenían tanta hambre, que se lanzaron a comer sobre
ella.

De repente se abrió la puerta de la casa y salió de ella
una vieja.

— Hola niños, ¿qué hacéis aquí?
¿Acaso tenéis hambre?

Los niños asintieron con la cabeza.

— Entrad y os prepararé algo muy rico — dijo.

La vieja les dio de comer y les ofreció quedarse a dormir.

Por la mañana temprano, cogió a Hansel y lo encerró en el establo.

— ¡Aquí te quedarás hasta que engordes! — le dijo.

Con muy malos modos despertó a su hermana y la mandó a por agua para preparar comida, pues su hermano debía engordar cuanto antes para poder comérselo.

La pequeña Gretel se dio cuenta entonces de que era una malvada bruja.

Pasaban los días y la bruja se impacientaba porque no veía engordar a Hansel, ya que cuando le decía que le mostrara un dedo para ver si había engordado, la engañaba con un huesecillo aprovechándose de su ceguera.

De modo que un día la bruja decidió no esperar más.

— ¡Gretel, prepara el horno que vas a hacer pan! — ordenó a la niña.

La niña supo que en cuanto se despistara la bruja la arrojaría dentro del horno.

— No sé cómo se hace — dijo la niña.

— ¡Niña tonta! ¡Quita del medio!

Pero cuando la bruja metió la cabeza dentro del horno, la pequeña la empujó y cerró la puerta. Enseguida fue a liberar a su hermano.

Los dos pequeños se abrazaron y lloraron de alegría.

Estaban a punto de marcharse cuando se les ocurrió echar un vistazo.

¡Qué sorpresa! Encontraron cajas llenas de joyas, así que se llenaron los bolsillos y decidieron volver a casa.

Cuando llegaron, sus padres se alegraron muchísimo y con lo que traían vivieron el resto de sus días felices y sin pasar pobreza.

인어 공주

Sirenita

En las profundidades del mar, había un reino hermoso en el que se encontraba el castillo del rey del mar.

Él y sus seis hijas vivían felices en medio de tanta belleza.

La más pequeña de ellas era la más especial. Su piel era blanca y suave, sus ojos eran grandes y azules, pero como el resto de las sirenas, tenía cola de pez.

A la pequeña sirena le fascinaban las historias que su abuela contaba acerca de los seres humanos.

La abuela le dijo que algún día conocería la superficie.

— Cuando cumplas quince años podrás subir a la superficie y contemplar todo lo que hay allí. Hasta entonces está prohibido.

La pequeña sirena esperó ansiosa, imaginando como sería el mundo de allá arriba.

Cada vez que una de sus hermanas cumplía los quince años, ella escuchaba atentamente las cosas que contaban y eso aumentaba sus ganas de subir a la superficie.

Tras años de espera por fin cumplió quince años.

La Sirena subió y se encontró con un gran barco en el que celebraban una fiesta. Oía música y no pudo evitar asomarse por una de sus ventanas.

Entre la gente distinguió a un joven apuesto, que resultó ser el príncipe. Quedó fascinada por su belleza.

Estaba allí mirando cuando una tormenta cayó sobre ellos repentinamente.

El mar comenzó a rugir con fuerza y el barco empezó a dar tumbos hasta que finalmente se hundió.

En medio del desastre, la Sirenita logró rescatar al príncipe y llevarlo sano y salvo hasta la playa.

Estando allí oyó a unas jóvenes que se acercaban, y rápidamente nadó hacia el mar por miedo a que la vieran.

A lo lejos vio cómo su príncipe se despertaba.

La Sirenita siguió subiendo a la superficie todos los días con la esperanza de ver a su príncipe.

Como nunca lo veía, cada vez regresaba más triste al fondo del mar.

Pero un día se armó de valor y decidió visitar a la bruja del mar para que le ayudara a ser humana.

Estaba tan enamorada que era capaz de pagar a cambio cualquier precio, por alto que fuera.

— Te preparé tu poción y podrás tener dos piernecitas.
  Pero a cambio… Quiero tu don más preciado, ¡tu voz!

— ¿Mi voz? Pero si no hablo, ¿cómo voy a enamorar al príncipe?

— Tendrás que apañarte sin ella. Si no, no hay trato.

— Está bien.

La malvada bruja le advirtió que si no conseguía

casarse con el príncipe, moriría y se convertiría en espuma de mar.

La Sirenita, aunque tenía miedo, aceptó el trato.

La Sirena se tomó la pócima y se despertó en la orilla de la playa al día siguiente.

Su cola de sirena ya no estaba y en su lugar tenía dos piernas.

El príncipe la encontró y le preguntó quién era y cómo había llegado hasta allí. La sirena intentó contestar, pero no tenía voz.

A pesar de esto la llevó hasta su castillo y dejó que se quedara allí.

Entre los dos surgió una bonita amistad y cada vez pasaban más tiempo juntos.

Pasó el tiempo y el príncipe le anunció al día siguiente su boda con la hija del rey vecino. La pobre sirena se llenó de tristeza al oír sus palabras, pero a pesar de eso deseó su felicidad.

Ella sabía que esa sería su última noche, ya que tal y como le había advertido la bruja, se convertiría en espuma de mar al alba.

A punto de amanecer, mientras contemplaba triste el horizonte, aparecieron sus hermanas con un cuchillo. Era un cuchillo mágico que les había dado la bruja a cambio de sus cabellos.

Si la Sirenita lograba matar al príncipe con el cuchillo podría volver a convertirse en sirena.

La Sirenita se acercó silenciosamente al príncipe, que estaba durmiendo y levantó el cuchillo... pero era incapaz de acabar con él, aunque esta fuera su única oportunidad de seguir viva.

De modo que se lanzó al mar y comenzó a convertirse en espuma.

Mientras, vio cómo el príncipe la buscaba en el barco. Y en la distancia permaneció contemplándolo mientras una lágrima brotaba por su mejilla.

인어공주

•

성냥팔이 소녀

La pequeña cerillera

Una nochevieja mientras todas las familias se preparaban para sentarse a la mesa llena de ricos manjares, en la calle estaba descalza ella:

la joven vendedora de cerillas.

La pobre llevaba el día entero en la calle, sus huesecitos estaban congelados por culpa de la nieve y lo peor de todo es que no había conseguido ni una sola moneda.

— ¡Cerillas, cerillas! ¿No quiere una cajita de cerillas, señora?

Pero la mayoría pasaban por su lado sin tan siquiera mirarla.

Cansada, se sentó en un rincón de la calle para protegerse del frío.

Tenía las manos enrojecidas y casi no podía ni moverlas. Entonces recordó que tenía el delantal lleno de cerillas y pensó que tal vez podía encender una para tratar de calentarse.

La encendió con cuidado y observó la preciosa llama que surgió delante de sus ojos.

De repente apareció en el salón de una casa en el que había una gran chimenea que desprendía mucho calor.

—¡Estoy muy bien aquí! — murmuró.

Pero la cerilla se apagó rápido y la chimenea desapareció con ella.

— Probaré con otra — pensó la niña.

Esta vez vio delante de ella una gran mesa llena de

comida y recordó los días que llevaba sin comer.

Alargó la mano hasta la mesa para tratar de llevarse algo a la boca y... ¡zas! Se apagó la cerilla.

Como las cosas que veía cada vez eran más bonitas, decidió encender otra cerilla más.

— ¡Oooohhh! — exclamó la niña con la boca abierta.

— Que árbol de Navidad tan grande, y cuántas luces... ¡es precioso!

Se acercó a una de ellas para verla bien y de golpe desapareció todo.

Rápidamente buscó una nueva cerilla y volvió a encenderla.

En esa ocasión apareció ante ella la persona a la que más había querido en el mundo:

era su abuela.

— ¡Abuelita! ¡Qué ganas tenía de verte!
¿Qué haces aquí? No te vayas por favor, déjame que me vaya contigo.

Te echo de menos...

Y, consciente de que la cerilla que tenía en su pequeña mano estaba a punto de apagarse, la pequeña siguió encendiendo cerillas hasta que agotó todas las que le quedaban.

En ese momento, la abuela cogió dulcemente a la niña de la mano y ambas desaparecieron felices.

La pequeña dejó de sentir frío y hambre y empezó a sentir una enorme felicidad dentro de sí.

A la mañana siguiente alguien la encontró allí,

rodeada de cerillas apagadas, inmóvil, helada por culpa del frío pero con una sonrisa inmensa en su cara.

— ¡Pobrecita! — exclamó al verla.

Pero lo que no sabía nadie es que la pequeña se marchó feliz, de la mano de su abuelita, hacia un lugar mejor.

라푼젤

Rapunzel

Un día una mujer se fijó en los ruiponces que había plantados en el jardín de una malvada bruja.

Cuando volvió a casa le dijo a su marido:

— ¡Moriré si no pruebo los ruiponces del jardín de la bruja!

Como su marido la quería mucho, decidió arriesgarse y llevárselos.

Volvió a casa con las flores, pero su mujer siempre le pedía más, hasta que finalmente la bruja lo vio.

Y la bruja le obligó a cumplir un trato para dejarlo marchar.

— Tendrás que entregarme a tu primer hijo cuando nazca.

Pasado un tiempo la mujer dio a luz a una hermosa niña, a la que llamaron Rapunzel.

Cuando la niña cumplió doce años la bruja la encerró en una torre en la que tan sólo había una pequeña ventana para entrar.

Por lo que cuando la bruja quería subir, gritaba:

—¡Rapunzel, deja caer tus cabellos!

Y la joven descolgaba sus largos cabellos para que la bruja trepase por ellos.

Un día, la joven estaba cantando cuando un príncipe que pasaba por allí la oyó. Quedó conmovido por su voz, pero no logró saber de dónde venía.

Volvió todos los días al bosque en busca de esa

delicada melodía cuando vio a la bruja que se acercaba a la torre y llamaba a Rapunzel para que le lanzara sus cabellos.

Por lo que cuando la bruja no estaba el príncipe hizo lo mismo:

— ¡Rapunzel, deja caer tus cabellos!

Y Rapunzel descolgó por la ventana su larga trenza.

La joven se asustó cuando lo vio aparecer, pero rápidamente cogió confianza con él.

El príncipe le contó cómo había llegado hasta allí y le preguntó si estaría dispuesta a casarse con él. Rapunzel aceptó encantada porque pensó que serían felices juntos.

De modo que todas las noches el príncipe iba a ver a Rapunzel en secreto.

Pero un día, cuando Rapunzel ayudaba a la bruja a subir, sin querer dijo:

— ¿Cómo es que me cuesta tanto subirla?
El príncipe sube mucho más rápido.

— ¿Qué? ¿Así que me has estado engañando, eh?

La bruja estaba tan furiosa que cortó el largo cabello de Rapunzel y la mandó a un lugar muy lejano.

Cuando el príncipe regresó para ver a su amada le pidió que lanzara sus cabellos.

La bruja soltó la trenza de Rapunzel por la ventana y cuando el príncipe llegó a la torre se encontró con ella.

— ¡Nunca volverás a ver a Rapunzel! —

y diciendo esto la bruja lo maldijo dejándolo ciego.

El príncipe estuvo mucho tiempo perdido por el bosque, pues no encontraba el camino al palacio, hasta que un día llegó al lugar en el que se encontraba Rapunzel.

Ella lo reconoció al instante, lo abrazó y no pudo evitar soltar una lágrima cuando vio que estaba ciego por su culpa.

Pero fue esa lágrima la que rompió el hechizo y devolvió la visión al príncipe y juntos volvieron al palacio.

신데렐라

Cenicienta

Érase una vez un hombre bueno que quedó viudo al poco tiempo de haberse casado.

Años después conoció a otra mujer, y ambos se casaron.

La mujer tenía dos hijas muy arrogantes, mientras que el hombre tenía una única hija dulce y hermosa como ninguna otra.

Desde el principio las dos hermanas le hicieron la vida imposible a la muchacha.

Le obligaban a llevar ropa vieja y a hacer todas las tareas de la casa. La pobre se pasaba el día limpiando, y por si esto fuera poco, se burlaban de ella cuando descansaba sobre las cenizas de la chimenea.

Pero a pesar de todo ella nunca se quejaba.

Un día sus hermanas le dijeron que iban a acudir al baile que daba el príncipe.

A Cenicienta le apetecía ir, pero sabía que no estaba hecho para una muchacha como ella.

Planchó los vestidos de sus hermanas, las ayudó a peinarse y las despidió con tristeza.

Cuando se quedó sola rompió a llorar.

Entonces, apareció su hada madrina:

— ¿Qué ocurre Cenicienta? ¿Por qué lloras?

— Porque me gustaría ir al baile como mis hermanas, pero eso no es posible.

— Mmmm... creo que puedo solucionarlo — dijo con una amplia sonrisa.

Cenicienta recorrió la casa en busca de lo que le pidió su madrina: una calabaza, seis ratones, una rata y seis lagartos.

Con un golpe de su varita los convirtió en un carruaje dorado tirado por seis caballos, un cochero y seis sirvientes.

Y por último, con otro golpe de varita convirtió su vestimenta en un magnífico vestido de seda y unos zapatitos de cristal.

— Sólo una cosa más, Cenicienta.
Recuerda que el hechizo se romperá a las doce de la noche, por lo que debes volver antes.

Cuando Cenicienta llegó al palacio, todos admiraban su belleza mientras se preguntaban quién era esa hermosa princesa.

El príncipe se enamoró a primera vista y la sacó a bailar.

Cenicienta estaba tan a gusto que no se dio cuenta de que estaban dando las doce.

Cuando escuchó las campanas, se levantó y huyó del palacio.

El príncipe, preocupado, salió corriendo, pero sólo encontró uno de sus zapatos, que la joven perdió mientras corría.

Días después llegó a casa de Cenicienta un hombre

desde palacio con el zapato de cristal.

El príncipe ordenó que todas las mujeres del reino se lo probaran hasta encontrar a su dueña.

Así que se lo probaron las hermanastras, pero no lograron meter su pie en él.

Cuando llegó el turno de Cenicienta se echaron a reír y hasta dijeron que no hacía falta que se lo probara.

Pero Cenicienta se lo probó y el zapatito le quedó perfecto.

De modo que Cenicienta y el príncipe se casaron y fueron muy felices y la joven volvió a demostrar su bondad perdonando a sus hermanastras.